MARCO ⊕ POLO

Reisen mit
**Insider
Tipps**

MADRID

ATLANTISCHER
OZEAN

FRANKREICH

Bilbao

PORTUGAL   ANDORRA

Lissabon   Madrid

                              Barcelona

SPANIEN

         Valencia   Balearen

      Málaga

MAROKKO   Mittelmeer

MARCO POLO Koautor
Lothar Schmidt

Mit 17 und einem Interrailticket begann seine große
Liebe zu Spanien. Nach dem Studium (Germanistik,
Kunstgeschichte, Journalistik) wurde das Schreiben
zum Beruf. Er hat sechs Jahre in Madrid gelebt und
für deutschsprachige Medien aus der Hauptstadt
berichtet. Mittlerweile arbeitet der Reisebuchautor
und Journalist von Deutschland aus. Themen aus
und Reisen nach Madrid sind geblieben.

www.marcopolo.de/madrid

Die besten Insider-Tipps → S. 4

INSIDER TIPP

Best Of ... → S. 6

Sehenswertes → S. 26

Essen & Trinken → S. 56

SYMBOLE

INSIDER TIPP   Insider-Tipp

★   Highlight

● ● ● ●   Best of ...

☆   Schöne Aussicht

☺   Grün & fair: für ökologi-
sche oder faire Aspekte

(*)   kostenpflichtige
Telefonnummer

**PREISKATEGORIEN
HOTELS**

€€€ über 130 Euro

€€   80–130 Euro

€   bis 80 Euro

Die Preise gelten für ein
Doppelzimmer ohne
Frühstück pro Nacht

**PREISKATEGORIEN
RESTAURANTS**

€€€ über 40 Euro

€€   20–40 Euro

€   bis 20 Euro

Preise für ein Menü mit
Vorspeise, Hauptgericht und
Dessert, aber ohne Getränke

INHALT

Einkaufen → S. 66

Am Abend → S. 74

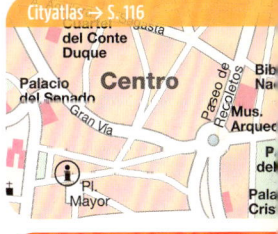
Übernachten → S. 84

Cityatlas → S. 116

Cuartel
del Conte
Duque
Palacio
del Senado
Centro
Paseo de Recoletos
Bib
Na
Gran Vía
Mus.
Arqueo
Pl.
Mayor
P.
del
Pala
Cris

KARTEN IM BAND
(118 A1) Seitenzahlen
und Koordinaten verweisen
auf den Cityatlas und die
Umgebungskarte Madrid
mit Umland auf S. 130/131
(0) Ort/Adresse liegt außer-
halb des Kartenausschnitts.
Es sind auch die Objekte mit
Koordinaten versehen, die
nicht im Cityatlas stehen

Einen Metroplan finden Sie
im hinteren Umschlag

**UMSCHLAG HINTEN:
FALTKARTE ZUM
HERAUSNEHMEN →**

FALTKARTE
(⧉ A–B 2–3) verweist
auf die herausnehmbare
Faltkarte

Die besten MARCO POLO Insider-Tipps

Von allen Insider-Tipps finden Sie hier die 15 besten

INSIDER TIPP **Singende Kellner**

Opernarien zum Nachtisch: Im Restaurant *La Favorita* begleiten ausgebildete Sänger ein stimmungsvolles Abendessen → **S. 59**

INSIDER TIPP **Stöbern im Museumsshop**

Architektur, Design, Kunst, Fotografie, Zeitschriften, Plakate, kreative Gimmicks: Nirgends ist die Auswahl größer als in der *Buchhandlung des Reina-Sofía-Museums* → **S. 49**

INSIDER TIPP **Stilvoll sparen**

Gutes Essen ist keine Frage des Preises und auch nicht notwendigerweise des Stils – das *Public* im Szeneviertel Triball beweist es → **S. 63**

INSIDER TIPP **Ein Garten wie ein Gedicht**

Versteckt zwischen Messe und Flughafen liegt der verwunschene Park *El Capricho de la Alameda de Osuna* mit romantischen Ruinen, Wasserspielen und einem Labyrinth → **S. 54**

INSIDER TIPP **Ägyptischer Sonnenuntergang**

Hinterm Stadtwald Casa de Campo versinkt die Sonne und taucht den *Templo de Debod* in goldenes Licht. Es gibt keinen schöneren Platz für dieses Schauspiel! (Foto o.) → **S. 47**

INSIDER TIPP **Die schönste Terrasse**

In Korbsesseln Mojitos trinken und unter dem beleuchteten Viadukt die Nacht genießen – auf der *terraza* des *Marula Café* → **S. 82**

INSIDER TIPP **Schlafen mit Aussicht**

Gran Vía Corner nennt sich das Panoramazimmer des günstigen Designhotels Praktik Metropol. Aus den bodentiefen Fenstern schaut man über den spektakulärsten Teil des Prachtboulevards → **S. 90**

INSIDER TIPP **Jazziger Abend**

Es muss nicht immer der Klassiker Café Central sein. Die lokale Jazzszene zieht es heute eher ins *El Junco* an der Plaza de Santa Bárbara → **S. 81**

INSIDER TIPP ▶ **Süßigkeiten mit Gottes Segen**

In vielen Klöstern Spaniens werden noch köstliches Gebäck, Marmeladen und andere süße Leckereien zubereitet. Im kleinen, versteckt gelegenen Altstadtladen *El Jardín del Convento* bekommt man die handgemachten Raritäten. Meistens sind sie schön altmodisch verpackt → **S. 69**

INSIDER TIPP ▶ **Wodka oder Gin?**

Diese Frage sollten Sie geklärt haben, bevor Sie die *Bar Martínez* betreten – die Auswahl ist enorm! → **S. 77**

INSIDER TIPP ▶ **Der Flamenco lebt**

Jenseits der wenig authentischen Flamencofolklore, wie sie überall in Spanien gerne für Touristen inszeniert wird, gibt es auch die anspruchsvolle und zeitgenössische Seite dieser emotionalen Kunst. Davon können Sie sich am Wochenende im *tablao Las Carboneras* überzeugen (Foto u.) → **S. 79**

INSIDER TIPP ▶ **Versteckte Romantik**

Nach wie vor kennen nur wenige das *Museo del Romanticismo.* Dabei ist allein das Goya-Gemälde einen Besuch wert. Das Musuem in Malasaña ist ein echtes Schatzkästchen → **S. 46**

INSIDER TIPP ▶ **Der stille Park**

Ein vornehmer Garten hinterm Königspalast: Im wenig besuchten *Campo del Moro* lässt es sich königlich flanieren, und den Palacio Real sieht man erst von hier aus in seiner ganzen Pracht und Größe → **S. 38**

INSIDER TIPP ▶ **Pep statt Rotlicht**

Bis vor Kurzem war Madrids Szeneviertel *Triball* noch ein heikles Pflaster. Heute gibt es in den Altstadtgassen immer mehr trendige Shops, Cafés und Lokale → **S. 44**

INSIDER TIPP ▶ **Klein und privat**

Die privat geführte *La Posada del León de Oro* ist eine romantische Bleibe mit nur wenigen Zimmern im malerischen Viertel La Latina → **S. 86**

BEST OF ...

TOLLE ORTE ZUM NULLTARIF
Neues entdecken und den Geldbeutel schonen

SPAREN

● **Labor der Gegenwart**
Der ehemalige Schlachthof, der *Matadero Madrid,* ist ein Gewinn. Nicht nur für Künstler, Performer, Designer und andere Kreative, die hier Platz für ihre Ideen haben: Besucher kommen umsonst in den Genuss von Ausstellungen und Aktionen → **S. 17**

● **Neuer Stern an Madrids Museumshimmel**
Was für ein Museum, was für Ausstellungen! Das *Caixaforum*, das Museum der Kunststiftung der Caixa-Bank, ist eine echte Bereicherung des Madrider Kulturlebens – und der Architektur: Das Herzog-&-De-Meuron-Haus am Paseo del Prado ist schon an und für sich ein Erlebnis (Foto) → **S. 30**

● **Mittwochs oder donnerstags in den Palast**
Es passt zum Understatement des spanischen Königshauses, dass es den *Palacio Real* nur zu offiziellen Anlässen nutzt. Was es in den 2500 Zimmern und Sälen an Kostbarkeiten zu bestaunen gibt, sehen Sie umsonst, wenn Sie sich an einem Mittwoch- oder Donnerstagnachmittag mit Personalausweis in die Besucherschlange stellen → **S. 41**

● **Mal eben in den Prado**
Vor der abendlichen *marcha* noch mal bei einem Bild vorbeischauen, das man schon immer oder immer wieder sehen möchte, das geht im wunderbaren *Prado-Museum*: Zwischen 18 und 20 (sonntags von 17 bis 19) Uhr ist der Eintritt frei! → **S. 33**

● **Sonntagsspaziergang ins 19. Jh.**
Nur nicht neidisch werden: Im *Museo Cerralbo* erleben Sie, wie ein reicher Marquis im ausgehenden 19. Jh. in Madrid lebte. Sonntags (und samstags zwischen 14 und 15 Uhr) ist der Besuch umsonst → **S. 46**

● **Wohnzimmer für alle**
Sofas, Sessel und Loungezonen im neuen *Centro Centro* an der Plaza de Cibeles werden eifrig genutzt, vor allem, da es Tageszeitungen und WLAN umsonst gibt → **S. 34**

●●●● Diese Punkte zeichnen in den folgenden Kapiteln die Best-of-Hinweise aus

● *Churros con chocolate*

Wenn es kalt ist oder die Nacht so lang wurde, dass sich am Himmel schon der Morgen zeigt, dann wird es Zeit für *churros con chocolate.* Am berühmtesten ist die *Chocolatería San Ginés.* Die liegt zwischen Puerta del Sol und Plaza Mayor und hat immer auf. Die zähflüssige, heiße Schokolade wird nicht getrunken: Man tunkt die *churros,* ein längliches Fettgebäck, hinein – köstlich! → S. 76

● *Wie zu Goyas Zeiten*

Zur *Fiesta de San Isidro* zu Ehren des Stadtpatrons im Mai ziehen viele Madrider ihr traditionelles Kostüm an. Höhepunkt ist eine Wallfahrt mit Picknick zur Ermita de San Isidro auf der anderen Seite des Manzanares. Das sieht noch immer so aus wie auf Goyas Gemälde „La Pradera de San Isidro", das im Prado hängt → S. 100

● *Lange Nächte*

Man glaubt es erst, wenn man da ist: Mitten in der Nacht staut sich auf der Gran Vía der Verkehr, und die Gassen und Straßen des *centro* sind voller Menschen. Nicht nur junge Leute sind unterwegs, auch reifere Madrider zelebrieren mit beneidenswerter Selbstverständlichkeit, dass das Leben immer jetzt ist – z. B.in den Open-Air-*terrazas* → S. 82

● *Rauchende Köpfe*

Den kleinen Tabakkiosk am Eingang gibt es leider nicht mehr. Aber auch ohne Qualm ist das *Café Gijón* Madrids intellektueller Treffpunkt. In der bald 130-jährigen Institution haben Camilo José Cela und José Ortega y Gasset ebenso debattiert wie Rosa Montero oder andere Zeitgenossen → S. 58

● *Welt aus zweiter Hand*

Der *Rastro,* Madrids Flohmarkt, ist eine Institution, ein Ritual, das weit über das profane Kaufen und Verkaufen hinausgeht. Hier gibt es einfach alles – man muss nur lange genug danach suchen (Foto) → S. 69

● *In kleinen Portionen*

Essen und Ausgehen verbinden sich beim *tapeo,* bei einer Tapatour, wie sie die Madrider lieben. Unverzichtbare Station: die *Cava Baja* im Stadtteil La Latina → S. 65

TYPISCH

BEST OF ...

REGEN

● Wunder und Rätsel der Moderne
Das *Centro de Arte Reina Sofía* ist nicht nur der Ort, wo man berühmte Gemälde von Dalí und natürlich Picassos Guernica studieren kann. Die Vielfalt der Moderne, ihre Themen, Utopien und Tyranneien wirbeln durch die Kabinette, dass einem schwindlig wird → S. 48

● Club-Kult-Tour
Wer wollte nicht schon mal den Arbeitsplatz von Cristiano Ronaldo und Mesut Özil kennenlernen? Ein Rundgang durch das *Stadion von Real Madrid* begeistert große und kleine Fußballfans → S. 22

● Großes Kino
Das *Capitol* in der Gran Vía ist Madrids berühmtestes Premierenkino. Der Hauptsaal mit Tribüne atmet noch den Geist der großen Leinwandära von Hollywood und den Fünfzigerjahren → S. 80

● Cafékultur im Kulturcafé
Der *Círculo de Bellas Artes* hat das wohl schönste Café der Stadt. Unter Deckengemälden und Kristalllüstern macht es nichts, dass die Kellner sich gerne viel Zeit lassen. Irgendwann kann man sich dann auch dem Ausstellungs- und Kulturprogramm des Hauses widmen (Foto) → S. 80

● Tropischer Garten
Hier ist es trocken, warm und grün, egal, was draußen los ist. Seit vom *Bahnhof Atocha* der Hochgeschwindigkeitszug Ave nach Sevilla eilt, ist die alte Bahnhofshalle ein üppiger Wintergarten → S. 50

● Shoppingcenter
Mode, Möbel, Kosmetik, Gastronomie und Kinos und alles unter einem Dach: Im *Príncipe Pío,* dem größten Shoppingcenter der Innenstadt am gleichnamigen Bahnhof, werden aus einer schnell mehrere Stunden → S. 70

ENTSPANNT ZURÜCKLEHNEN
Durchatmen, genießen und verwöhnen lassen

● *In der Stadt aufs Land*
Madrid ist groß, Madrid ist laut – in der *Casa de Campo*, Madrids riesigem Stadtwald, finden Sie die nötige Ruhe und den Raum, um wieder neue Energie zu tanken → S. 54

● *Baden wie die Mauren*
Eine Zeitreise ins Madrid der Mauren ist der Besuch der arabischen Bäder *Medina Mayrit*. Im Heißwasserbecken unter steinernen Bögen lässt sich der Hauptstadtlärm für anderthalb Stunden vergessen. Einschließlich Massage ist die Entspannung perfekt → S. 79

● *Rudern und relaxen*
Sicher, der *Estanque* ist nur ein Teich – aber hier geht es ja auch gar nicht um Sport: Rudern im Retiro-Park ist ein urbane Form der Meditation: ein wenig mit den Paddeln plätschern, sich treiben lassen, loslassen … → S. 98

● *Kühles Bad*
Es ist Sommer, es ist heiß, und das Hotel oder die Pension hat keinen Pool? Da hilft nur eins: Badesachen packen und ins schönste *Freibad* der Stadt im Stadtwald Casa de Campo fahren! → S. 36

● *Cabriobus*
Gut, dass es diese Doppeldeckerbusse gibt: Für einen ersten Eindruck von Madrid sind sie ebenso ideal wie für eine Pause vom Pflastertreten zwischendurch. Bleiben Sie einfach eine ganze Runde auf dem Sonnendeck der Busse von *Madrid City Tour* sitzen! Am besten eignet sich die Route 1 durch das historische Zentrum → S. 108

● *De Madrid al Cielo*
„Von Madrid in den Himmel" heißt eine beliebte Redensart. Dem Himmel tatsächlich ein Stückchen näher sind die Gäste der coolen Dachlounge *The Roof* im ME Hotel an der Plaza de Santa Ana. Über dem Lärm der Stadt lässt es sich bei einem Cocktail und toller Aussicht wunderbar entspannen (Foto) → S. 77

AUFTAKT

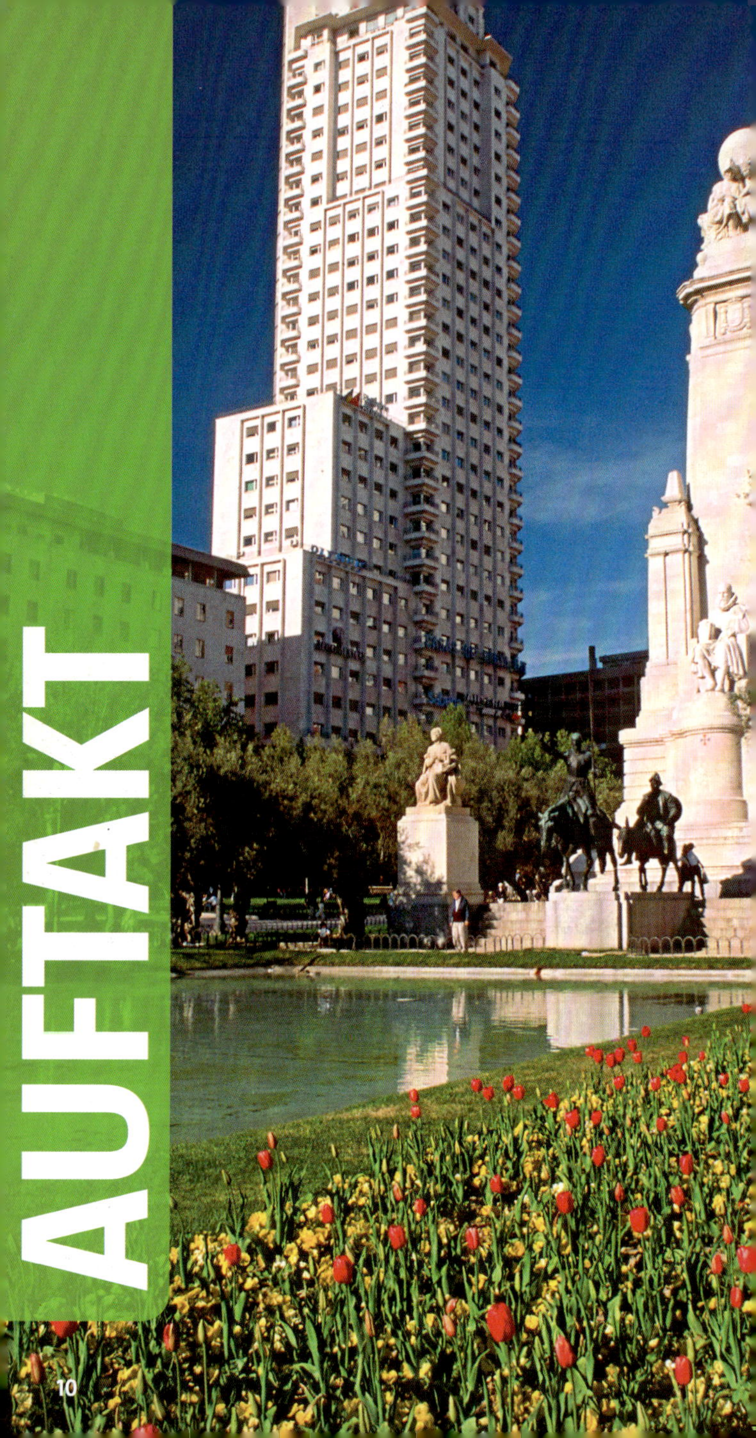

ENTDECKEN SIE MADRID!

Wer tagsüber die Calle del Pez entlangläuft, wird unweigerlich Ramón begegnen. Ramón ist schrecklich geschäftig, aber für Komplimente hat er immer Zeit. „Wie schön Sie heute sind, Señora!", sagt er den jungen und besonders gern den alten Damen. Vor jedem Kinderwagen bleibt er stehen und fragt: „Wie gehts denn dem Kleinen?", und den Männern ruft er zu: „An die Arbeit, Spanier!" Niemand fühlt sich belästigt, die Angesprochenen erwidern den Gruß und gehen mit amüsiertem Lächeln weiter. Sie kennen Ramón, sie wissen, er ist nicht der Klügste. Die Ladenbesitzer der Straße geben ihm kleine Aufträge, er trägt Brot aus, bringt Altpapier zum Container oder verteilt die Madrider Gratiszeitung. Ramón gehört dazu: gar nicht wegzudenken aus der Calle del Pez.

Madrid ist das größte Dorf Spaniens, hat einmal ein Radiojournalist über die Stadt gesagt, und er hat es nicht etwa böse gemeint. Das Leben in den *barrios,* den Stadt-vierteln, vor allem im alten Madrid hat etwas vom Leben auf dem Dorf. Die Men-schen, die in den schmalen Straßen der Altstadt leben, kennen sich, sie grüßen sich,

Bild: Cervantes-Denkmal auf der Plaza de España

fragen nach dem Befinden des Hundes und kommentieren die letzten Neuigkeiten: Letizia (die Frau des Kronprinzen Felipe) wirkt ja wieder etwas glücklicher!, Cristiano Ronaldo (der Stürmerstar von Real Madrid) hat ja gestern wieder ein phänomenales Tor geschossen!, die baskischen Nationalisten sollen uns doch endlich in Ruhe lassen!

Mit ihren mittlerweile rund 3,3 Mio. Ew. ist Madrid die größte Stadt Spaniens, doch die ländlichen Wurzeln der Metropole verkümmern auch im 21. Jh. nicht. Die meisten Madrider kommen vom Land. Es gibt nur wenige alteingesessene Familien in der Stadt, die meisten Bewohner sind Zugezogene oder Kinder von Zugezogenen oder höchstens Enkel von Zugezogenen. Deswegen macht sich auch an jedem verlängerten Wochenende eine Autokarawane von Madrid in alle Winkel Spaniens auf. *Voy al pueblo,* sagen sie dann, „ich fahr aufs Dorf": Gemeint ist das Dorf der Eltern, der Onkel oder Tanten oder Großeltern. Jeder Madrider hat irgendwo in Spanien seine zweite Heimat.

Seit der Habsburgerkönig Philipp II. das unbedeutende kastilische Städtchen Mitte des 16. Jhs. zur Hauptstadt seines Reichs erkor, hat Madrid nicht aufgehört, Immigrantenstadt zu sein. Über Jahrhunderte war es vor allem der königliche Hof, der Arbeit versprach. Doch die Lebensbedingungen der meisten Bewohner waren so miserabel, dass mehr Menschen starben als geboren wurden. Ohne die Zugezogenen aus Galicien, Andalusien, der Extremadura, dem Baskenland oder dem kastilischen Umland hätte Madrid nicht überlebt. Trotzdem wuchs die Stadt sehr langsam. 1910 lebten in London mehr als 7 Mio. Menschen, in Berlin gut 2 Mio. – in Madrid gerade 500 000. Der Anschluss an Europa sollte noch Jahrzehnte auf sich warten lassen.

Madrid ist das größte Dorf Spaniens

Spanien und Madrid erlebten das Drama des Bürgerkriegs (1936–1939) und der anschließenden Diktatur des Generals Francisco Franco bis zu dessen Tod Ende 1975. Politisch blieb das Land auf dem Nullpunkt, wirtschaftlich begann es sich erst ab den Sechzigerjahren langsam zu entwickeln. Während es Madrid nicht gut ging, ging es dem Rest Spaniens noch schlechter. Die Landflucht entvölkerte ganze Regionen. Die

Das Reiterstandbild Philipps IV. erhebt sich in der Mitte der Plaza de Oriente vor dem Königspalast

Menschen suchten ihr Glück in Deutschland oder in der Schweiz, in Katalonien oder in Madrid. 1950 lebten in Madrid schon gut 1,5 Mio. Menschen, 1970 mehr als 3 Mio. Ein Ring von ärmlichen, schnell gebauten Häusern und Hütten umzog bald die alte Stadt. Die meisten von ihnen sind im Lauf der Jahrzehnte gesichtslosen Wohnblocks gewichen – darin lebt es sich etwas besser als in den selbst gezimmerten Behausungen, doch architektonischen Charme sucht man in den Vororten Madrids vergebens.

Die eigene Erfahrung als Zugezogener macht die meisten Madrider toleranter gegenüber allem Fremden. Seit Mitte der Neunzigerjahre kommt der Großteil der Immigranten nicht mehr aus Andalusien oder von der galicischen Küste, sondern aus Afrika, Osteuropa, China und vor allem aus Lateinamerika. Nicht, dass die Einheimischen ohne jede Vorurteile wären, aber im Alltag lassen sie das niemanden so leicht spüren.

> **Ein alltägliches Miteinander prägt das Leben in den „barrios"**

Wirklich Großstadt ist Madrid erst seit dem Ende des Franco-Regimes. Nach dem Tod des Diktators 1975 machte sich Spanien auf den Weg zur Demokratie; beinahe alles verlief friedlich in der Sphäre der Politik. Doch die wahre Befreiung aus fast 40 Jahren Muff und geistiger Enge fand auf den Straßen statt – eine einzige Explosion der

Lebenslust. „Es war eine unbesonnene, verspielte, kreative Epoche voller fiebriger Nächte", erklärt Kultregisseur Pedro Almodóvar. Für ein paar Jahre, Ende der Siebziger, Anfang der Achtziger, war Madrid die heißeste Stadt der Welt.

Die heute 40- bis 50-Jährigen trauern den Tagen der *Movida Madrileña* (etwa: der Madrider Bewegung) immer noch hinterher. Doch nicht nur die Lust auf *marcha* – auf lange, durchtanzte Nächte – hat überlebt, sondern auch der offenere Geist. Das Schwulenviertel Chueca ist der Stolz der Stadt, der *Día del Orgullo Gay* das größte Volksfest Madrids. Ein alltägliches Miteinander: In einer Seitenstraße der Calle del Pez wohnt Marta, eine verlebte Transsexuelle, die hin und wieder auf den Strich vorm Kino Luna geht – aber wenn sie vor ihrer Haustür den Bürgersteig kehrt, tratscht sie mit den Nachbarinnen wie alle anderen auch.

Besucher aus dem Rest Spaniens finden Madrid vor allem groß und laut. Die Größe ist eine Frage der Perspektive, der Lärm ist messbar. Der Autoverkehr ist lästiger als in anderen Städten, weil Madrid extrem dicht bebaut ist und die Straßen vor allem im Zentrum kleinstädtisch schmal sind. Das schlägt sich auch auf die Luftqualität nieder. Die Madrider lassen sich davon nicht schrecken. Sie trinken ihren Kaffee auf den Bürgersteigen der Gran Vía und schlagen sich die Nächte inmitten des Verkehrs der Castellana um die Ohren. Das Phänomen der abends und sonntags ausgestorbenen Fußgängerzonen kennt die spanische Hauptstadt nicht: Die Madrider lieben das Leben auf der Straße, zu jeder Zeit.

> **Die Madrider lieben das Leben auf der Straße**

Weltstadt und Dorf – das sind in Madrid keine Gegensätze. Die ohnehin schon sehenswerten Museen Prado, Reina Sofía und Thyssen-Bornemisza sind Kunsttempel von Weltrang. Alle drei wurden durch teilweise spektakuläre Anbauten erweitert. Und die Kunstmeile, der Paseo del Prado, bekam mit dem Caixaforum, das die Schweizer Architekten Jacques Herzog und Pierre de Meuron entworfen haben, ein weiteres Highlight.

Überhaupt wurde viel gebaut. Vor allem Alberto Ruiz-Gallardón, Oberbürgermeister bis Ende 2011, hat eine wahrhaft pharaonische Bautätigkeit entwickelt. Erst ließ er über Jahre den Autobahnring M 30 erneuern und teilweise unter die Erde verlegen, dann machte er sich daran, das Flüsschen Manzanares den Bürgern als begrüntes Idyll „Madrid Río" zurückzugeben – ein urbanistisches Megaprojekt, mit dem die Stadt auch die Inspektoren des Olympischen Komitees überzeugen wollte. Das gelang zwar weder 2012 noch 2016. Aber für die Sommerspiele 2020 hat man es immerhin wieder in die Finalrunde der Bewerber geschafft.

Doch auch wenn das Streckennetz der Metro alle paar Jahre um einige Kilometer wächst und sogar Radwege im großen Stil angelegt wurden, etwa als 65 km langer Ring, haben die spanische Metropole und ihre Bewohner eine Menge auszuhalten: Neben der nun schon seit 2008 andauernden Wirtschaftskrise, die sich mit

Streiks, Demonstrationen und mehr Armut auch im Stadtbild zeigt, gibt es ein Problem mit der Luft. Regelmäßig überschreiten die Ozon- und Feinstaubwerte die zulässigen Höchstgrenzen. Ana Botella, aktuelle Oberbürgermeisterin und Ehefrau des ehemaligen konservativen spanischen Präsidenten José María Aznar, hält wie ihr Vorgänger nichts von Fahrverboten, Mautzonen und ähnlichen Maßnahmen. Stattdessen wurden einige Messstationen verlegt – und, wer hätte es gedacht, die Werte wurden besser ...

Madrid ist übrigens die am höchsten gelegene Hauptstadt Europas (wenn man von den Kleinstaaten San Marino und Andorra absieht), eine Tafel am Sitz der Regionalregierung an der Puerta del Sol zeigt die Meter über Normalnull an: 650,7.

> **Die Lust auf „marcha", auf lange, durchtanzte Nächte**

Doch ansonsten sehen die Madrider keinen Grund, ihre Stadt für etwas Besonderes zu halten. Sie hat ja noch nicht einmal ein richtiges Wahrzeichen – und sie ist trotz ihrer langen Geschichte eine junge Stadt: Wahrscheinlich Mitte des 9. Jhs. von Arabern gegründet, erlangte sie erst im 16. Jh. politische Bedeutung. Und zur Weltstadt wuchs sie erst im späten 20. Jh. heran. Ihre beste Zeit erlebt sie gerade jetzt, als wohlhabende Hauptstadt eines Landes, das sich endlich dem Rest Europas geöffnet hat. Und als liebenswürdiges Metropölchen, in dem auch der geschäftige Ramón nicht verloren geht.

Bis weit in die Nacht sind die Bar- und Caféterrassen in der „Stadt der *marcha*" bevölkert

IM TREND

① Bella Italia in Spanien

Unverfroren Italiens Erfolgsexport erobert die Herzen der Madrider. Italienisches Eis wie das der ☺ *Gelateria Romano (C/ de Santa Engracia 155, Foto)* fliegt nur so aus den Eistruhen. Kein Wunder! Das Familienunternehmen setzt auf Biomilch und frischeste Zutaten. *Bruin (Paseo del Pintor Rosales 48)* verzaubert allein schon durch den Fünfzigerjahre-Look, und dann bietet die *heladería* auch noch Dutzende Eissorten an – darunter exotisches wie Olivenöl- oder Käsearoma. Bei *Gelati e Frullati (Av. Felipe II 8)* kommen weniger, aber täglich wechselnde Sorten in die Eisbecher. Unser Favorit: Mascarpone mit Keksstücken.

②

Moda de Madrid

Extravagant Kreativ und detailverliebt sind die Entwürfe von Inés und Iván für das Label *La Casita de Wendy (www.lacasitadewendy.com, Foto)*. Popstar Björk ist ein Fan des Labels und modelte auch schon für die Madrider. Bei *García Madrid (C/ Corredera Baja de San Pablo 26 26 | www.garciamadrid.com)* dreht sich alles um den modischen Mann. Der Designer zeigt in seinem Showroom nicht nur seine jüngsten Kreationen, sondern auch wechselnde Kunstausstellungen.

③ Szeneliebling

Lounge als Augenschmaus In der *Lolita Lounge & Bar (C/ Manuel de Falla 3 | www.lolitabar.es)* kann man sich förmlich sattsehen. Das Restaurant *Shoko Madrid (C/ Toledo 86 | www.shokomadrid.com)* ist dank Feng Shui ebenfalls ein Hingucker. Anders im Stil und dennoch ganz im Trend ist das ☺ *Café Motha (C/ Santa María 39):* Es will ein entspanntes Livingroom sein. Die Küche arbeitet mit Bioprodukten.

Mit Kunst leben

Kreative Destination In Madrid ist Kunst Teil des Alltags. So können sich Gäste mit Sinn fürs Kreative in einem passenden Hotel betten. Das Hotel *Silken Puerta América (Av. de América 41, Foto)* wurde von 19 Designteams realisiert. Es besteht aus 15 Etagen, und jede trägt eine andere Handschrift. Das zwölfte Stockwerk ist dunkel und puristisch, das Parterre in sanften Holztönen gehalten, Etage vier sprüht vor Lebensfreude. *Cruce (C/ Doctor Fourquet 5)* ist nicht nur eine Galerie. Die Räume sind der Treffpunkt der Kunstszene. Es gibt Poesie- und Buchpräsentationen, Konzerte oder Partys. Der ● *Matadero Madrid (Plaza de Legazpi 8 | www.mataderomadrid.org)* ist ein ehemaliger Schlachthof. Im riesigen Kulturzentrum geht es in der *Central de Diseño* immer wieder um den Alltag im Urbanen, während die *Naves del Español* sich zu einer der spannendsten Bühnen der Stadt entwickelt haben. Nicht nur der Besuch, auch die geführten Besichtigungen sind kostenlos (nur nach Anmeldung: *Tel. 915 17 73 09*).

Nachhaltig

Grüne Architektur Schon bei der Ankunft am Flughafen Barajas bekommen Gäste das Umweltbewusstsein der Madrider zu spüren. Die Dachkonstruktion aus Bambus von Richard Rogers *(www.richardrogers.co.uk)* freut Auge und Natur gleichermaßen. Der ☺ *Eco-Boulevard (Bulevar Naturaleza 1, Foto)* ist mit sogenannten Air Trees bepflanzt, die das Klima positiv beeinflussen sollen. Wachsen tun sie in pavillonartigen Konstruktionen über dem Boden. Spannend ist auch das ☺ *Internationale Kongresszentrum*, das von den Architekten Luis Mansilla und Emilio Tuñón *(www.mansilla-tunon.com)* energieautark entwickelt wurde.

STICHWORTE

ALMODÓVAR

Spaniens großer Filmemacher Pedro Almodóvar, Jahrgang 1951, ist ein Landmensch, der in der Stadt seine Heimat gefunden hat. Er wuchs in einem Dorf der Mancha im Herzen Spaniens auf. Mit 18 ging er gemeinsam mit seinem Bruder nach Madrid. Dort lernte er das Leben kennen. Und so hat er Madrid zur Hauptdarstellerin vieler seiner Filme gemacht. Homosexuelle, Transvestiten und immer wieder starke Frauenpersönlichkeiten finden sich in seinen Filmen. Spätestens seit seinem Oscar-Erfolg *Todo sobre mi madre* (Alles über meine Mutter, 1999) liegt ihm die Kulturszene Spaniens zu Füßen. *Hable con ella* (Sprich mit ihr, 2002) wurde mit dem Oscar für das bestes Drehbuch ausgezeichnet. Zuletzt erschien *Los amantes pasajeros* (Fliegende Liebende, 2013). Almodóvar ist nicht der Provokateur, für den ihn viele halten. Almodóvar zeigt nur das Leben, wie es auch ist. Und er zeigt es mit Witz und Selbstverständlichkeit. Unter dem Stichwort „El Madrid de Almodóvar" sind übrigens auf *www.esmadrid.com* viele seiner Drehorte in der Hauptstadt aufgelistet.

ANILLO VERDE

Madrid überrascht immer wieder mit eigenständigen, bisweilen auch eigenartigen Projekten. Vielleicht kam den Verantwortlichen die Idee für den „Grünen Ring", als sie im Stau auf dem Autobahnring M 30 bzw. M 40 standen. Jedenfalls wurden die Bürger 2008 mit einem 64 km langen und gut

Madrid von A bis S: Hintergründe zum Flamenco und zum Stierkampf, zum König und zu einem Filmverrückten

50 Mio. Euro teuren Radweg überrascht, der meist zwischen den genannten Autobahnen verläuft. 16 Parks und 21 Stadtteile können Radwanderer oder Sportler auf der Erkundung der Randbezirke kennenlernen. Seine erste Aufgabe hat der *Anillo Verde Ciclista,* der grüne Fahrradring, immerhin schon erfüllt: Sonntags strömen die Familien auf ihren jeweiligen Abschnitt, gehen spazieren oder bringen den Kleinen das Radfahren bei. Mittlerweile ist das *bici* auch im Zentrum ein fast normales Verkehrsmittel. Zumindest ist

es trendy, Rad zu fahren. *www.anillover deciclista.es.*

CONTAMINACIÓN

Kein schönes Wort – *contaminación* heißt Luftverschmutzung. Besonders an klaren Wintertagen verschwindet die Sonne hinter einem dunklen Feinstaubschleier, sodass man etwa vom Dach des Círculo de Bellas Artes kaum die Hochhaustürme an der Plaza Castilla erkennen kann. Die schwarze *boina,* eigentlich eine Baskenmütze, in Madrid aber die Metapher für Feinstaubwolke, wird vor allem von Dieselfahrzeugen verursacht. Die erlaubten Höchstwerte werden dabei regelmäßig überschritten. Bis 2016 hat Bürgermeister Alberto Ruiz-Gallardón versprochen, das Problem in den Griff zu bekommen. Wie er das anstellen will, ist unklar. Fahrverbote oder eine Zugangsbeschränkung zum Zentrum soll es nicht geben.

CRISIS

Kein Wort hat in Spanien derzeit mehr Konjunktur. Bis zu seiner Wiederwahl 2008 vermied der ehemalige Ministerpräsident José Luis Zapatero noch das böse Wort „Krise". Aber alle wussten es schon und sahen es: Die Kräne standen still, die Immobilienblase platzte und dann ging es, beschleunigt durch die Wirtschaftskrise, rapide bergab. Die katastrophale Lage vor allem der jungen Spanier auf dem Arbeitsmarkt hat zu wütenden Protesten geführt. Und sie hat eine neue politische Bewegung hervorgebracht, um die es allerdings schon wieder sehr still geworden ist: Die *Indignados,* die „Empörten", kampierten 2011/2012 mehrere Monate lang auf der Puerta del Sol und forderten „Echte Demokratie Jetzt" – bislang ohne Erfolg.

DOCE UVAS

Zwölf Trauben muss man haben – zumindest am Silvesterabend, der *Nochevieja.* Dann schaut ganz Spanien per TV auf die Uhr der Casa de Correos an der Puerta del Sol und schiebt sich zu jedem Glockenschlag, mit dem sich das alte Jahr verabschiedet, eine Traube in den Mund. Weil das gar nicht so einfach ist, gibt es zwölf kernlose und gepellte Trauben in kleinen Dosen zu kaufen. Der Brauch, der Wohlstand im neuen Jahr bewirken soll, entstand Ende des 19. Jhs. in Madrid.

FLAMENCO

Vente pa' Madrid, singt die Flamencopopgruppe Ketama in einem ihrer berühmtesten Lieder: Komm nach Madrid! Madrid ist die heimliche Hauptstadt der Flamencokünstler, auch wenn viele von

Lärm und Luftverschmutzung: Ewig tost der Verkehr auf dem Paseo de la Castellana

ihnen aus Andalusien stammen. Dort entstand der Flamenco in der zweiten Hälfte des 18. Jhs und entwickelte sich zwischen 1860 und 1910 zu seiner bis heute bewahrten klassischen Form. In Madrid finden die Sänger, Musiker und Tänzer die bedeutendsten Plattenstudios, die besten Veranstaltungsorte und das größte Echo im Rest des Landes.

Der Flamenco hat sich immer wieder anderen Musikstilen geöffnet. Flamenco-Fusion gehört zum Spannendsten, was die europäische Musikszene zu bieten hat. Hörproben: Bebo & Cigala, *Lágrimas Negras* (Flamenco-Jazz); Chambao, *Endorfinas en la Mente* (Flamenco-Chillout); Enrique Morente, *Omega* (Flamenco-Rock). Klassischen Flamenco mit sanfter Stimme singt Estrella Morente auf *Mi Cante y un Poema*. Der größte Flamencogitarrist ist nach wie vor Paco de Lucía; in seine Fußstapfen versucht Vicente Amigo zu treten. *www.deflamenco.com*

HOJAS DE RECLAMACIÓN

Existen hojas de reclamación, dieser Satz wird aufmerksamen Madridbesuchern in praktisch jedem Restaurant, Hotel, Taxi, Bus oder Geschäft begegnen. Das Beschwerdeblatt ist die Waffe des Kunden. An und auf ihm kann er seinen ganzen Unmut auslassen über überteuerte Preise, unverschämten Service oder was ihm sonst unter den Nägeln brennt. Der Taxifahrer oder Ladenbesitzer muss solche staatlichen Bögen parat haben. Die Blätter haben zwei Durchschläge und sind nummeriert, damit auch keine Beschwerde verloren geht. Oft genutzt werden sie von den Kunden allerdings nicht.

IMMIGRATION

Noch Mitte der Neunzigerjahre konnte man in der Metro sitzen und nur lauter spanische Gesichter um sich sehen. Eine Provinzstadt, unberührt von den Menschenströmen dieser Welt. Das hat sich in wenigen Jahren gründlich geändert. Madrid ist auf dem Weg zur Weltstadt. Zwischen 2000 und 2010 hat sich die Zahl der Ausländer von 166 000 auf 1 116 000 innerhalb der Comunidad de Madrid erhöht. Im Zuge der Wirtschaftskrise hat die Attraktivität Spaniens als Einwanderungsland etwas nachgelassen. In der Comunidad de Madrid leben derzeit gut 1 Mio. Ausländer, das sind 15,2 Prozent. Ein knappes Fünftel der Immigranten stammt aus Rumänien, gefolgt von Ecuadorianern, Marokkanern und Kolumbianern. Das Zusammenleben zwischen Einheimischen und Zugewanderten funktioniert leidlich.

KLIMA

Nueve meses de invierno, tres meses de infierno – nein, der Winter dauert in Madrid nicht neun Monate, und die Sommermonate sind nicht durchgängig infernalisch heiß. Aber ein paar Hitzewochen mit an die 40 Grad im Schatten sind im Juli und August normal, und der Winter ist nicht mediterran mild, sondern kastilisch rau. Doch immer hängt der Himmel etwas höher als in Europas Norden.

LÄRM

Wohl dem, der in Madrid mit tiefem Schlaf gesegnet ist. Am frühen Morgen treten Müllabfuhr und heitere Nachtschwärmer in ihren täglichen Wettkampf, wer wohl die meisten Anwohner aus ihren Betten aufzuschrecken versteht. Tagsüber schallt der Verkehrslärm von den Fassaden zurück, die knatternden Mopeds, brummenden Linienbusse, hupenden Taxis. Die Dauerbaustelle Madrid tut ein Übriges: Das anspruchsvolle Stadtsanierungsprogramm lässt Straßen und Plätze erstrahlen, doch die lärmenden Bauarbeiten rauben vielen den Nerv.

MONARCHIE

Juan Carlos I de Borbón y Borbón, Jahrgang 1938, ist populär – trotz aller Kritik. Dennoch hat die spanische Monarchie in den letzten Jahren erheblichen Kredit verspielt. Verantwortlich waren Affären wie der Korruptionsskandal, in den der Schwiegersohn des Königs, Iñaki Urdangarin, verwickelt ist. Auch dass Juan Carlos während der Wirtschaftskrise auf Elefantenjagd ging – und sich dabei die Hüfte brach –, nahm sein Volk ihm übel. In der spanischen Presse vermutet man, dass Juan Carlos zugunsten seines Sohns Felipe abdanken wird, sobald sich die Wogen um seine Person und das Königshaus geglättet haben. Schon als er 1975 nach dem Tod des Diktators Francisco Franco zum König der Spanier proklamiert wurde, flogen ihm nicht gerade die Sympathien seiner Landsleute zu. Er war König von Francos Gnaden; der General hatte den Enkel des letzten spanischen Königs Alfonso XIII einige Jahre zuvor zu seinem Nachfolger bestimmt. Doch mit klugen Entscheidungen half der frisch gekrönte König seinem Land auf dem Weg zur Demokratie. Im Februar 1981 ließ er beim Putschversuch einer Reihe von Polizisten der Guardia Civil keinen Zweifel an seiner Treue zur Verfassung und half mit, den Staatsstreich im Keim zu ersticken. Auch Kronprinz Felipe, der 2004 eine Bürgerliche, die Journalistin Letizia Ortíz heiratete, wird sich den Respekt und die Legitimation seines Amtes bei der Bevölkerung erst erarbeiten müssen. Mit der Geburt der beiden Töchter Leonor und Sofía ist der Fortbestand des Königshauses immerhin schon für die darauffolgende Generation gesichert.

OSO Y MADROÑO

Der Bär am Erdbeerbaum ist das Symbol und Stadtwappen Madrids. Besonders die spanischen Gäste lassen sich

LOS GALÁCTICOS

Was für ein Club! 32-mal die spanische Liga gewonnen, 18-mal den spanischen Pokal, neunmal die Champions League bzw. den Europapokal der Landesmeister. Der beste Verein des 20. Jhs., beschied die Fifa. 85 000 Mitglieder hat der 1902 gegründete Fußballclub Madrid, der sich seit 1920 real – königlich – nennt. Das Stadion von Real Madrid *(Estadio Santiago Bernabéu)* wurde 1947 eingeweiht, heute passen rund 85 000 Zuschauer hinein. Benannt ist es nach Santiago Bernabéu, dem Präsidenten mit der längsten Amtszeit (1943–1978). Wer ein Spiel miterleben will: Tickets am besten übers Internet *(www.realmadrid.com)* oder direkt am Stadion. Bei Spitzenspielen haben Nichtmitglieder keine Chance – außer auf dem Schwarzmarkt, wo Karten bis zu 500 Euro kosten. Wer leer ausgeht, für den gibt es die ● geführte Tour durchs Stadion einschließlich Trophäensammlung *(19 Euro | Mo–Sa 10–19, So 10.30–18.30 Uhr (an Spieltagen bis 5 Std. vor Anpfiff) | Zugang über Turm B, Tickets an Schalter 10 beim Gate 7 am Paseo de la Castellana* **(121 D3)** *(🗺 0)).* Im *Real Café Bernabéu (tgl. 10–2 Uhr, an Spieltagen 2 Std. vor–1 Std. nach Spiel geschl. | Zugang Tor 30 | www.realcafe bernabeu.es | €€)* sitzt man mit Blick aufs Spielfeld und kann gediegen speisen. *Metro 10 Santiago Bernabéu*

gerne vor der großen Bronzeplastik auf der Puerta del Sol fotografieren. Dort sieht man einen lebensgroßen Bären, der sich an einem Erdbeerbaum aufgerichtet hat, um von den Früchten zu naschen. Den Einheimischen dient das erst 1967 geschaffene Werk als nicht zu verfehlender Treffpunkt.

eigenen Radierzyklus, die »Tauromaquia«, gewidmet. Auch Pablo Picasso war ein überzeugter Anhänger und setzte sie in seiner Kunst um. In den letzten Jahrzehnten ist die Zahl der Stierkampfgegner aber auch in Spanien selbst immer größer geworden. Sie beklagen nicht nur den Tod von rund 40 000 Stieren, die

Ob aus Fleisch und Blut oder in Bronze gegossen: Matadores sind harte Burschen

STIERKAMPF

Der Stierkampf ist kein Kampf, sondern ein merkwürdiges Ritual: Drei *matadores* bringen im Lauf eines Nachmittags jeweils zwei Stiere nach festgelegten Regeln um. Der Stier hat dabei heftig zu leiden, während der Stierkämpfer seine Gesundheit aufs Spiel setzt. Madrid ist die Welthauptstadt der *tauromaquia.* Die Saison in der Arena Las Ventas *(www.lasventas.com)* dauert ein halbes Jahr, von Ostern bis Oktober. Die *corrida de toros* ist fest mit der spanischen Kultur und Geschichte verbunden. Inwieweit dies noch für die Gegenwart gilt, darüber wird heftig gestritten. Der große Maler Francisco de Goya (1746–1828) etwa hat ihr einen

in den Arenen des Landes jährlich getötet werden. Auch die Pferde der *picadores* müssen ihren Einsatz oft mit schmerzhaften Verletzungen oder dem Leben bezahlen. Der Deutsche Tierschutzbund ruft dazu auf, Stierkämpfe zu boykottieren. Bis 2012 hat der öffentlich-rechtliche Sender RTVE keine *corridas* mehr übertragen. Nachdem die konservative Partei PP nach dem Regierungswechsel 2011 jedoch faktisch die Kontrolle beim Sender übernommen hat, werden sie wieder ausgestrahlt. Die Einschaltquoten sind schlecht, aber darum geht es nicht: Der Stierkampf ist ein innerspanisches Politikum und in der Argumentation der Befürworter ein „Kulturgut".

DER PERFEKTE TAG
Madrid in 24 Stunden

09:00 IM HERZEN DER STADT

Ganz schön früh für Madrid. Beginnen Sie den Tag in der symbolischen Mitte nicht nur der Hauptstadt, sondern ganz Spaniens, der *Puerta del Sol → S. 35*. Jetzt noch ein Kaffee und ein süßes Teilchen im *La Mallorquina (Plaza de la Puerta del Sol 8),* einer 1893 gegründeten, sehr populären Konditorei, und der Tag gehört Ihnen. Wenn Sie dann die Calle de Alcalá hinunterspazieren, treffen Sie beim markanten Metrópolis-Gebäude auf die *Gran Vía → S. 44*, deren reich geschmückte Fassaden im Morgenlicht glänzen.

10:00 PRUNK UND PRADO

Über die *Plaza de Cibeles → S. 34*, an der die Fans von Real Madrid eine gewonnene Meisterschaft feiern, flanieren Sie den Paseo del Prado hinunter und überlegen sich, welches Museum Sie gerne besuchen möchten, den *Prado → S. 31* (Foto M.), das *Thyssen-Bornemisza → S. 33* oder, ein Stück weiter entfernt, das *Centro de Arte Reina Sofía → S. 48* (Foto li.).

12:30 AUSZEIT IM GRÜNEN

Nach dem intensiven Kunstgenuss ist der *Parque del Retiro → S. 36* der ideale Ort, um neue Kräfte zu sammeln. Die einen tun dies bei einer kleinen Ruderpartie auf dem Estanque, die anderen suchen sich einen Tisch bei den Pavillons rund um den Teich.

14:30 LEBENSLUST UND LEBENSSTIL

Zum Essen geht es nach Chueca. Fahren Sie mit der Metro zur nächsten Station, Banco de España, oder mit dem Taxi direkt in die *Calle Libertad 21.* Im Restaurant *Bazaar → S. 62* essen Sie lecker und zu günstigen Preisen. Anschließend stöbern Sie durch die Boutiquen von Chueca und der Modemeile *Calle de Fuencarral → S. 67*.

18:00 MADRID-SIGHTSEEING

Lernen Sie mehr über Madrid auf einer geführten Tour kennen. Von der Touristeninformation an der *Plaza Mayor → S. 34* geht es los. Freitags wird ein deutschsprachiger Altstadtspaziergang angeboten, auf Englisch geht es von Montag bis Samstag *(15. Juni–15. Sept., sonst um 16 Uhr)* durch das einstige Dichterviertel *Barrio de las Letras,* durch *Huertas → S. 28*. Oder Sie suchen sich etwas anderes aus dem Programm von *www.esmadrid.*

com/guidedtours aus. Denken Sie aber bitte in jedem Fall daran, sich vorher bei der Touristeninformation anzumelden.

21:00 TAPAS UND TAVERNEN

Machen Sie es wie die Hauptstädter: Genießen Sie den Abend bei einem ausgedehnten „Tapa-Hopping". Tolle Lokale wie *La Chata* oder *La Taberna del Tempranillo* mit guter Wein- und Tapaauswahl erwarten Sie in der *Cava Baja → S. 65* (Foto re.). Auch die Taverne *Almendro 13 → S. 63* in der gleichnamigen Gasse ist gleich um die Ecke.

23:00 EIN PLATZ ZUM TRÄUMEN

Zeit für einen Ortswechsel. Auf dem Spaziergang zur *Plaza de Santa Ana → S. 28* kommen Sie am *Café Central → S. 81* vorbei. Wenn Sie Lust auf Jazz haben, bleiben Sie. Draußen sitzen können Sie nicht nur auf der stimmungsvollen Plaza selbst, auch die Dachlounge des Hotels *ME Victoria* überzeugt.

02:00 BEWEGTE NACHT

Lust zu tanzen? Halb Madrid ist noch auf den Beinen, warum also schlafen gehen! Um diese Zeit sind Taxis heiß begehrt, aber früher oder später erwischen Sie eins. Das bringt Sie ins Altstadtviertel *Malasaña → S. 43*. Klein und progressiv ist das *Nasti (C/ San Vicente Ferrer 33)*, groß und schick das *Kapital (C/ de Atocha 125)*. Wenn Sie keine Lust auf Disko haben, dann ist das *Museo Chicote → S. 77*, die berühmte Cocktailbar an der Gran Vía, vielleicht die richtige Adresse für die Nacht.

05:00 SÜSSER ABSACKER

Am Ende einer langen spanischen Nacht warten *churros con chocolate* – natürlich in der altehrwürdigen *Chocolatería San Ginés → S. 76*. Dort ist morgens um fünf ganz schön was los. Die heiße Schokolade ist so dickflüssig, dass man sie löffeln muss oder das frittierte Schmalzgebäck hineintunkt. Ein köstliches Madridritual!

Metrolinien zum Startpunkt: 1, 2, 3
Haltestelle: Sol
Bester Zeitpunkt zum Start:
früher Vormittag

SEHENSWERTES

CITY **WOHIN ZUERST?**

Madrid ohne die **Puerta del Sol (118–119 C–D 2–3)** *(🗺 F4)* geht einfach nicht. Am besten nähern Sie sich dem Platz des Sonnentors langsam an und steigen schon an der Metrostation Sevilla aus oder parken dort in der Tiefgarage Ecke Calle Sevilla/Calle de Alcalá. Spazieren Sie zwischen prächtigen Häuserfassaden ins Getümmel, genießen Sie den Trubel – und halten Sie Handtasche und Portemonnaie fest. Fünf Minuten später stehen Sie auf der Plaza Mayor. Wenn Sie dann noch weitergehen bis zum Königspalast, spüren Sie es schon, das Madridgefühl.

Hat Madrid überhaupt echte Sehenswürdigkeiten? Sicher, da sind Velázquez' Meninas im Prado und Picassos riesiges Guernica-Gemälde im Reina-Sofía-Museum – wer Madrid besucht, darf die Museumstempel Prado, Reina Sofía und Thyssen-Bornemisza nicht versäumen. Doch ansonsten ist das Stadtensemble selbst, die Stimmung, das quirlige Leben ein einziges großes Highlight.

Die drei genannten Gemälde- und Skulpturensammlungen bergen einige der wertvollsten Schätze der Kunstgeschichte, die auf dieser Welt zu bewundern sind. Alle drei sind in Gehweite am Paseo del Prado aufgereiht. Aber sonst sind Madrids Prachtbauten weniger prächtig als die anderer europäischer Städte, seine Kirchen nicht so prunkvoll, seine Alleen

Die beste Art, Madrid zu entdecken: sich treiben lassen und durch die Straßen streifen

bescheidener. Macht nichts: Die meisten Madridbesucher behalten die Stadt dennoch in wunderbarer Erinnerung – ohne genau sagen zu können, was Madrid so einmalig macht.

In Wirklichkeit ist es nämlich so: Die ganze Stadt ist sehenswert, genauer: ihr historisches Zentrum. Die Straßen und Plätze strahlen Harmonie und Leben aus. Die Architektur – das meiste stammt aus dem ausgehenden 19. und dem beginnenden 20. Jh. – ist nur in wenigen Fällen dazu angetan, Blicke der Begeis-

terung auf sich zu ziehen, doch wer die Häuserzeilen entlanggeht, fühlt sich aufgehoben. So wie die Madrider selbst. Schließen Sie sich ihrem Treiben an, schlendern Sie ziellos umher, beobachten Sie die Menschen. So werden Sie auf Ihre ganz persönlichen Sehenswürdigkeiten stoßen.

Keines der Madrider Innenstadtviertel – seiner *barrios* – heißt übrigens im Alltag so, wie es auf den offiziellen Stadtplänen verzeichnet ist. Die Namen zentraler Plätze, Straßen oder Metrostationen haben

Die Karte zeigt die Einteilung der interessantesten Stadtviertel. Bei jedem Viertel finden Sie eine Detailkarte, in der alle beschriebenen Sehenswürdigkeiten mit einer Nummer verzeichnet sind

im Sprachgebrauch der Madrider die administrativen Namen verdrängt.

SOL, HUERTAS UND RETIRO

Im Herzen der Stadt und im Herzen Spaniens – der Platz mit dem Namen Puerta del Sol ist das Zentrum Madrids und das Zentrum des spanischen Fernstraßennetzes: der offizielle Kilometer null der sechs großen Nationalstraßen, die von Madrid aus wie die Speichen eines Spinnennetzes das Land durchziehen.

Von der Puerta del Sol gehen in alle Richtungen belebte Einkaufsstraßen ab, und in Gehweite wartet die imposante und

zugleich heimelige Plaza Mayor auf Besucher.

Südöstlich der Puerta del Sol liegt ★ *Huertas*, das Ausgehviertel der Touristen – aber keine Sorge, den Madridern gefällt es auch. *Huertas* sind Gemüsegärten, nach denen eine zentrale Straße des Viertels südöstlich der Puerta del Sol benannt ist. Deren Name hat sich schließlich für das ganze *barrio* eingebürgert.

Die *Plaza de Santa Ana* ist der erste Anlaufpunkt aller Huertasbesucher. Sie ist umringt von Tavernen, Bars und Kneipen – eine der berühmtesten ist die *Cervecería Alemana,* 1904 als deutscher Privatclub gegründet. Bei gutem Wetter stellen die Bars Tische vor die Tür, und alle sind sie schnell belegt. An der Westseite der Plaza steht immer noch Pedro

Calderón de la Barca hoch auf seinem Sockel, gegenüber, vor dem Teatro Español, Federico García Lorca – volksnah auf niedrigem Sockel. Das Teatro Español wurde 1583 gegründet und zählt damit zu den ältesten Theatern der Welt. Das heutige Gebäude geht aber auf das Jahr 1807 zurück.

Huertas besitzt einen zweiten inoffiziellen Namen: *Barrio de las Letras,* Viertel der Worte, denn hier lebten und arbeiteten einige der größten spanischen Dichter des *siglo de oro,* des „goldenen" 17. Jhs., unter ihnen Miguel de Cervantes, Félix Lope de Vega, Luis de Góngora und Francisco de Quevedo. Das *Wohnhaus Lope de Vegas* (119 E3) (*ⓜ G5)(Di–So 10–15 Uhr, Führungen alle 30 Min. | Eintritt frei | C/ de Cervantes 11)* ist als kleines Museum hergerichtet. Lope de Vega war ein Vielschreiber, ein Star seiner Zeit. 1500 Werke will er verfasst haben. Das Haus, das er 1610 bezog, ist mit Möbeln und Büchern der Epoche eingerichtet und besitzt einen **INSIDER TIPP** lauschigen, kleinen Garten.

Das Haus, in dem der Zeitgenosse und Konkurrent Miguel de Cervantes seine letzten Lebensjahre verbrachte, wurde dagegen in der ersten Hälfte des 19. Jhs. abgerissen. Immerhin steht der *Convento de las Trinitarias* ((119 E4) (*ⓜ G5) C/ Lope de Vega 18)* noch, in dem Cervantes beerdigt wurde – nur wo genau, das weiß niemand mehr. Die Stadtverwaltung hat in das Pflaster der Fußgängerstraße Calle de las Huertas mit goldenen Lettern einige literarische Zitate der berühmtesten Bewohner dieses Viertels prägen lassen.

Von Huertas aus sind es nur ein paar Schritte zum Prado, einem der großartigsten Museen der Welt. Auf dem Weg dorthin kommen Sie an der *Iglesia Jesús de Medinaceli* ((119 E3) (*ⓜ G5) Plaza de Jesús 2)* vorbei. Jeden ersten Freitag im März strömen Hunderttausende aus ganz Spanien in die Kirche aus dem Jahr

---

★ **Huertas**
Das Viertel der Tag- und Nachtschwärmer → S. 28

★ **Museo Nacional del Prado**
Eine der bedeutendsten Gemäldegalerien der Welt → S. 31

★ **Plaza de Cibeles**
Viel los am Brunnen der Kybele → S. 34

★ **Centro de Arte Reina Sofía**
Picasso und die Kunst des 20. Jhs. → S. 48

★ **Monasterio de las Descalzas Reales**
Ein Kloster als Schatzkästchen der Kunst → S. 30

★ **Palacio Real**
Ein königliches Zuhause → S. 40

★ **Caixaforum**
Breites Kulturprogramm und Baukunst von Herzog und de Meuron → S. 30

★ **Retiro**
Madrids bekanntester Park → S. 36

★ **Plaza Mayor**
Harmonie im rechten Winkel → S. 34

★ **Madrid de los Austrias**
Das charmante Altstadtviertel der Habsburger → S. 38

★ **Museo Thyssen-Bornemisza**
Bummel durch die Kunstgeschichte in mehr als 1000 Gemälden → S. 33

★ **Estación de Atocha**
Eine tropische Bahnhofshalle → S. 50

MARCO POLO HIGHLIGHTS

1930, um der Christusfigur Jesús del Gran Poder die Füße zu küssen.

1 CAIXAFORUM ★ ●
(119 F4–5) (𝄞 G5)

Auf ein Industriegebäude des späten 19. Jhs. haben die Schweizer Architekten Pierre de Meuron und Jacques Herzog ein futuristisches, scheinbar in der Luft schwebendes Kulturzentrum gesetzt. Besonderer Blickfang ist der hängende Garten rechts vom Eingangsbereich: Wie ein lebendiges Gemälde überzieht er die ganze Fassade. Das Kulturzentrum der Sparkasse La Caixa hat ein so ambitioniertes wie umfangreiches Programm aus Ausstellungen, Lesungen, Kino und Konzerten. Am besten per Internet aktuell informieren! Der Eintritt variiert je nach Veranstaltung, die Ausstellungen sind umsonst. *Tgl. 10–20 Uhr | Paseo del Prado 36 | www.laCaixa.es/ObraSocial | Metro 1 Atocha*

2 CALLE MAYOR
(118 A–C3) (𝄞 E–F4)

Die Hauptstraße des mittelalterlichen Madrid ist heute eine lebendige Wohn-, Büro- und Einkaufsstraße im Herzen der Stadt mit schön restaurierten Gebäuden wie dem *Edificio de la Compañía Colonial* (Nr. 16/18) von 1909 mit Art-nouveau-Elementen an der Fassade. *Metro 1, 2, 3 Sol*

3 MONASTERIO DE LAS DESCALZAS REALES ★ *(118 C2) (𝄞 E–F4)*

In dem Stadtpalast, der 1557 zum Franziskanerinnenkloster umgewidmet wurde, leben heute noch 20 Nonnen. Er war ein Ort der Taufen, Hochzeiten und Beerdigungen der Madrider Aristokratie. Überall sind Gemälde und Gobelins zu bewundern, eingehüllt in die Atmosphäre der Renaissance. Sehenswert sind das Treppenhaus und die Gemälde von Caravaggio, Rubens, Tizian und Zurbarán.

Schwebende Baukörper, hängende Gärten: das spektakuläre Caixaforum

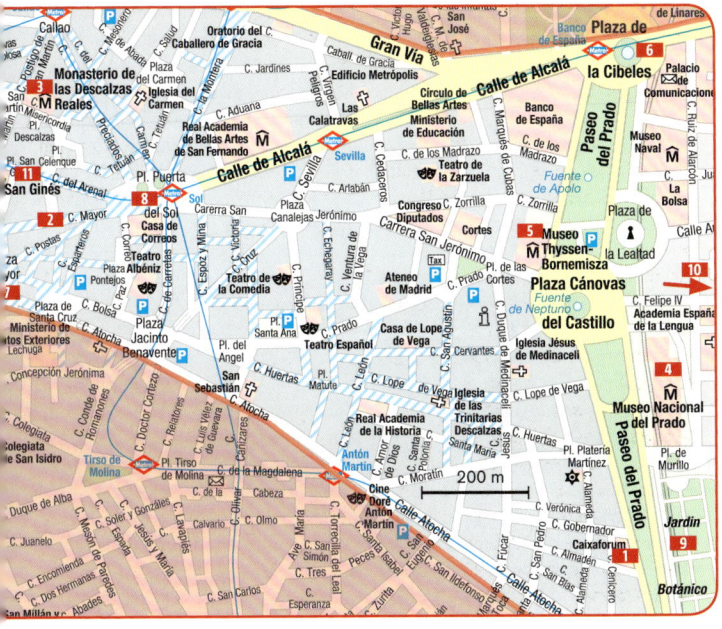

SEHENSWERTES IN SOL, HUERTAS UND RETIRO

Fußgängerzone

1 Caixaforum
2 Calle Mayor
3 Monasterio de las
    Descalzas Reales
4 Museo Nacional del Prado
5 Museo Thyssen-Bornemisza
6 Plaza de Cibeles
7 Plaza Mayor
8 Puerta del Sol
9 Real Jardín Botánico
10 Retiro
11 San Ginés

Im Kloster hing Fra Angelicos berühmte „Verkündigung", bevor sie in den Prado umzog. Kurios ist eine INSIDER TIPP Sammlung von Christuskindfiguren. Di–Sa 10–14 und 16–18.30, So 10–15 Uhr | 7 Euro (nicht in Madrid Card inbegriffen), Mi für EU-Bürger frei | Plaza de las Descalzas 3 | Metro 3, 5 Callao

4 MUSEO NACIONAL DEL PRADO ★
(119 F3–4) (ЙЙ G5)

Der Architekt Juan de Villanueva begann 1785 im Auftrag Karls III. mit dem Bau des Prado (zu Deutsch „Wiese") im neoklassischen Stil. Im Villanueva-Bau sind heute Werke vom 12. bis zur Mitte des 19. Jhs. ausgestellt. Schwerpunkt ist die spanische Malerei. Der Prado besitzt die umfassendsten Sammlungen von Werken El Grecos (1541–1614), Velázquez' (1599–1660) und Goyas (1746–1828), zudem der Velázquez-Zeitgenossen José de Ribera, Francisco de Zurbarán und Bartolomé Esteban Murillo. Außerdem herausragende Gemälde der Flamen Hieronymus Bosch, Rubens und Brueghel, der Deutschen Dürer und Cranach, der Italiener Botticelli, Rafael, Tizian, Tintoretto und Caravaggio und Hunderter Maler mehr.

Das Drama eines Museums wie des Prado ist seine Größe, die schiere Menge an Kunstwerken, die um die Aufmerksamkeit der Besucher buhlen. Der Prado besitzt ca. 7600 Gemälde, 1000 Skulpturen und mehr als 8000 Zeichnungen. Nur 1000 Werke können gezeigt werden. Was erstmalige Besucher brauchen, ist Orientierung. Was muss man gesehen haben? Jede Auswahl ist ungerecht, doch wer sich führen lassen mag, gehe nicht achtlos an diesen Werken vorbei:

Las Meninas (Die Hoffräulein) von Diego de Velázquez. Kunsthistoriker sind fasziniert von der Perspektive des Malers, der sich im Vordergrund, leicht im Schatten, selbst ins Bild gesetzt hat, während im Hintergrund das Königspaar Philipp IV. und Maria Anna offenbar in einem Spiegel auftaucht.

El Jardín de las Delicias (Der Garten der Lüste) von Hieronymus Bosch. Die gängige Interpretation des dreiflügeligen Gemäldes, entstanden um das Jahr 1500, geht davon aus, dass Bosch (auf Spanisch El Bosco) in seiner einzigartig wil-

den Bildsprache das Paradies, den sündigen Menschen und die strafende Hölle darstellen wollte. Der deutsche Kunsthistoriker Hans Belting ist anderer Meinung: Der Maler habe im Mittelteil seines Gemäldes gerade den unschuldigen, mit der Natur vereinten, zur Sünde nicht fähigen Menschen abgebildet.

Perro semihundido (Halbversunkener Hund) von Francisco de Goya. Wer einmal den traurigen Blick des kleinen Hundes am unteren Bildrand gesehen hat, vergisst ihn nicht. Es ist eines von Goyas späteren, „schwarzen" Bildern. Schauen Sie sich auch die berühmten *Erschießungen vom 3. Mai 1808,* das gnadenlose Gruppenbildnis *Die Familie Karls IV.* sowie *Die bekleidete Maja* und *Die unbekleidete Maja* an.

Weitere Höhepunkte: *David, Sieger über Goliath* von Caravaggio, *Die drei Grazien* von Peter Paul Rubens, *Die Verkündigung* von Fra Angelico, das *Selbstbildnis Albrecht Dürers, Die Kreuzigung* von El Greco. Der Anbau des Architekten Rafael Moneo im Kreuzgang des ehemaligen Hierony-

GESCHÄFTE ZUM STAUNEN

Die *Antigua Farmacia de la Reina* **(118 B3)** *(∅ E4–5) (C/ Mayor 59)* ist eine alte Apotheke mit Regalen voll tönerner Töpfe bis unter die geschnitzte Holzdecke. Der *Almacén de Pontejos* **(118 C3)** *(∅ F4) (Plaza de Pontejos 2)* führt ein phantastisches Kurzwarenangebot, von jedem nur erdenken Knopf über Reißverschlüsse in allen Längen und Farben bis zu Spitzenbesätzen und Stickvorlagen. Bei *Capas Seseña* **(119 D3)** *(∅ F5) (C/ de la Cruz 23)* bekommt man ausschließlich maßgeschneiderte Capes. Die ärmellosen

Umhänge aus Merinowolle waren nicht nur zu Zeiten von Goya und Velázquez beliebt, auch Hillary Clinton und Oliver Stone zählen zu den Kunden. In der 1863 gegründeten *Antigua Casa Crespo* **(123 F3)** *(∅ F3) (C/ Divino Pastor 29)* verkauft Maxi Garbayo schon in vierter Generation spanische *alpargatas,* die traditionellen Stoffschuhe mit Hanfsohle, und Korbwaren aus Espartogras. *Caramelos Paco* **(118 B4)** *(∅ E5) (C/ Toledo 55)* ist ein Kinderparadies seit 1936: Die Süßigkeiten drängen sich von innen gegens Schaufenster, als wollten sie es eindrücken.

So menschenleer werden Sie die Säle des Prado nur selten antreffen

musklosters, ein lichter, schnörkelloser Bau, ist schon wegen seiner Schönheit eine Visite wert. Die Damen am Empfang helfen Ihnen mit Plänen für einen gelungenen Besuch. Oder Sie bereiten sich mithilfe der Website vor: Dort können Sie einen Plan herunterladen, Meisterwerke ansehen, sich einen ein-, zwei- oder dreistündigen Rundgang vorschlagen lassen oder Onlinetickets kaufen (mindestens 24 Stunden vorher). Damit kommen Sie dann ohne Schlangestehen an der *Puerta de los Jerónimos* (Portal an der Nordseite des Neubaus) hinein! *Mo–Sa 10–20, So 10–19, 24./31. Dez. und 6. Jan. 10–14 Uhr, 1. Jan., 1. Mai und 25. Dez. geschl. | 14 Euro,* ● *Mo–Sa 18–20, So 17–19 Uhr gratis | Paseo del Prado | www.museodel prado.es | Metro 1, 2 Atocha, Banco de España*

5 MUSEO THYSSEN-BORNEMISZA ⭐ (119 F3) (𝄞 G4)

Friedrich Thyssen, Zweitgeborener des Gründervaters des Ruhrimperiums August Thyssen, wollte vom Stahl nichts wissen, heiratete eine ungarische Baronin mit Namen Bornemisza und sammelte Kunst. Ihr gemeinsamer Sohn Hans-Heinrich (1921–2002) wurde Schweizer Staatsbürger und sammelte weiter, mit Vorliebe deutsche Expressionisten. Bei seinem Tod hatte er rund 1500 Werke beisammen, die einen fast enzyklopädischen Gang durch die Kunstgeschichte Europas und Nordamerikas erlauben. Der zentrale Teil dieser Sammlung, etwa 800 Gemälde, ist in dem Museum im Palacio Villahermosa (18. Jh.) zu sehen. In einem modernen Anbau sind 220 weitere Gemälde ausgestellt. Ein chronologischer Spaziergang durch die Kunst vom 13. bis zum 20. Jh. beginnt im zweiten Stock und endet im Erdgeschoss. Herausragend sind das Bildnis der *Giovanna Tornabuoni* (1488) von Domenico Ghirlandaio, *Heinrich VIII.* (um 1534) von Hans Holbein d. J., das *Bildnis eines jungen Manns* (um 1515) von Raffael, Edgar Degas' *Schwebende Tänzerin* (1877–79) so-

Auge in Auge mit der Kunst: Besucherin im Thyssen-Bornemisza

wie Werke von van Gogh, Cézanne und des deutschen Expressionismus. *Mo 12–16, Di–So 10–19 Uhr | 9 Euro, Mo frei | Paseo del Prado 8 | www.museothyssen.org | Metro 2 Banco de España*

6 PLAZA DE CIBELES ★
(119 F2) (Ⓜ G4)

Heimelig ist sie nicht, die verkehrsumtoste Plaza: Der achtspurige Paseo del Prado vermählt sich hier mit den je zwölfspurigen Straßen Calle de Alcalá und Paseo de Recoletos. Dennoch ist der Platz ein Besuchermagnet – weil er so was von fotogen ist! Umgeben von vier *palacios,* versucht die Göttin Kybele seit 1782, ihren mit zwei Löwen bespannten Wagen aus dem Brunnen zu lenken. In Ermangelung offizieller Wahrzeichen ist die Fuente de la Cibeles für die Madrider eins der

inoffiziellen. Kybele, eine antike Fruchtbarkeitsgöttin aus Kleinasien, hat es in Madrid neben Touristen vor allem mit Fußballfans zu tun: Anhänger wie Spieler von Real feiern hier ihre Triumphe. Inzwischen dürfen sie ihr nicht mehr direkt auf den marmornen Leib rücken, sehr zum Unwillen der Fans.

Größter Blickfang am Platz ist der *Palacio de Cibeles,* 1917 nach Entwürfen des damaligen Stararchitekten Antonio Palacios erbaut. Bis 2007 beherbergte er die Hauptpost. 2012 wurde der Palast als Bürger- und Kulturzentrum ● *Centro Centro (www.centrocentro.org)* neu eröffnet. Ausstellungen, Leseecken und Internet werden eifrig genutzt. Vom *Mirador (Di–So 10.30–13.30 und 16–19 Uhr | 2 Euro)* aus liegen Ihnen die Stadt und die Plaza zu Füßen. Die anderen drei Ecken besetzen der *Banco de España,* die spanische Zentralbank, 1884 bis 1892 von einem ganzen Architektenpool erbaut, der elegante *Palacio de Buenavista* (Sitz der Heeresleitung) und die *Casa de América* (Lateinamerikanisches Kulturzentrum). 200 m östlich die Calle de Alcalá hinauf steht noch eines der ehemaligen Stadttore, die *Puerta de Alcalá.* Karl III. setzte sich mit diesem Triumphbogen Ende des 18. Jhs. selbst ein Denkmal. *Metro 2 Banco de España*

7 PLAZA MAYOR ★
(118 B–C3) (Ⓜ E4–5)

Auf Madrids „Hauptplatz" vergeht die Zeit etwas langsamer als im Rest der Stadt. Die Besucher lassen sich auf den Stühlen der Restaurant-*terrazas* nieder, die gerade von der Sonne beschienen werden, und hören den Straßenmusikern zu. Rund ums eingezäunte Reiterstandbild Philipps III. in der Mitte des Platzes versammeln sich junge Touristen, um zu plaudern, zu dösen oder Gitarre zu spielen. Vor den Arkaden bauen mittelmäßige Karikaturisten ihre Staffelei auf und warten auf Kundschaft.

Hier lag im Mittelalter die Plaza del Arrabal, der wichtigste Marktplatz, gerade vor den Toren der Stadt. 1619 entstand die Plaza Mayor in ihrer rechteckigen Form, doch was heute davon zu sehen ist, wurde großenteils erst ab 1790 nach dem letzten von zahlreichen verheerenden Bränden aufgebaut. Die Plaza Mayor blieb Marktplatz und wurde zugleich Schauplatz von Autodafés (den Ketzergerichten und -verbrennungen der Inquisition), von Volksfesten oder von Stierkämpfen, die bis zu 40 000 Menschen anzogen. Auffällig an der Nordseite des Platzes steht die *Casa de la Panadería,* die alte Kornkammer der Brotbäcker, in der die Touristeninformation untergebracht ist; die allegorischen Malereien auf der Fassade stammen erst von 1992. Es lohnt sich, über das romantische Steintreppchen *Escalerilla de Piedra* in der Südwestecke des Platzes zur Straße Cava San Miguel hinabzusteigen. Werfen Sie einen Blick zurück und bewundern Sie die gewaltigen Mauern der Wohnhäuser auf der westlichen Außenseite des Platzes. Dort reiht sich Restaurant an Restaurant. Das *Botín (tgl. | C/ de los Cuchilleros 17 | Tel. 9 13 66 42 17 | €€€)* wurde 1725 eröffnet und gilt als ältestes Lokal der Welt. Spezialität ist *cochinillo,* Spanferkel. Bei der Oficina de Turismo startet jeden Freitag um 18 Uhr eine deutschsprachige Führung *(5,90 Euro)* durch die Altstadt. *Metro 1, 2, 3 Sol*

8 PUERTA DEL SOL

(118–119 C–D 2–3) *(*𝄞 *F4)*

Nos vemos en el Oso y el Madroño – „Wir treffen uns beim Bären und dem Erdbeerbaum." Das kuriose Madrider Stadtwappen wurde auf die Ostseite der Plaza

Die autofreie Plaza Mayor: Treffpunkt und stimmungsvolles Wohnzimmer der Madrider

verlegt und dient als Treffpunkt all derer, denen kein besserer einfällt. Besonders abends sieht man hier Dutzende Leute, die auf jemanden warten.

Die *Casa de Correos* auf der Südseite des Platzes hat einen ulkigen Glockenturm, der einmal im Jahr, in der Silvesternacht, Millionen Augenpaare auf sich vereint: Alle TV-Sender übertragen das Mitternachtsläuten live, alle Spanier essen im Rhythmus der Schläge zwölf Trauben, das soll Glück bringen. Den Rest des Jahres schweigt die Glocke, und in der ehemaligen Hauptpost arbeitet die Regionalregierung. Während der Franco-Diktatur ging es weniger demokratisch zu: In den Kellern wurden politisch Andersdenkende gefoltert. Rechts und links vom Haupteingang erinnern Gedenktafeln an die „Helden des 2. Mai 1808", als Madrid sich gegen Napoleon erhob, und unter „Dankbares Madrid" an jene, die nach dem Terroranschlag vom 11. März 2004 den Opfern zu Hilfe eilten. Vor der Casa de Correos stehen immer einige Passanten und Touristen, die auf den Boden schauen: Dort befindet sich der Kilometer null, der symbolische Bezugspunkt der sechs Autobahnen, die Madrid mit den Regionen Spaniens verbinden und deren Kilometer von hier aus gezählt werden. *Metro 1, 2, 3 Sol*

9 REAL JARDÍN BOTÁNICO
(119 F4–5) (🌐 G5)

Vor mehr als 200 Jahren, im Jahr 1781, ließ Karl III. den Botanischen Garten gleich neben dem Prado anlegen. Und mehr als 200 Jahre alt sind die ältesten der rund 30 000 Bäume, Büsche und Blumen aus aller Welt, zwischen denen die Besucher wandeln wie in einem großen Garten. Der Jardín Botánico beherbergt auch die INSIDERTIPP▶ Bonsaisammlung des ehemaligen Ministerpräsidenten Felipe González. *Tgl. 10 Uhr–Einbruch der Dunkelheit | 3 Euro | Plaza Murillo 2 | www.rjb.csic.es | Metro 1 Atocha*

10 RETIRO ★ (124–125 C–D 5–6, 128–129 C–D 1–2) (🌐 H–J 4–5)

Ein weißblauer Frühlingshimmel wölbt sich über Madrid – Zeit, mit Mann, Frau, Kind, Oma, Opa und Hund durch den Retiro zu streifen. Die Kastanien stehen schon in vollem Laub und beginnen zu blühen. Arbeiter richten lärmend die Wege unter den mächtigen Bäumen her. Über den kleinen künstlichen See rudert ein Liebespaar. Auf dem asphaltierten Uferweg stimmt ein schwarzer Saxofonist einen Ohrwurm an: *Qué será, será, whatever will be, will be ...* Eine Frau zieht trockenes Stangenbrot aus einer Plastiktüte und zertritt es am Boden,

RICHTIG FIT!

Wer nach ein paar Stunden im Museum wieder seinen Körper spüren will, kann es den Einheimischen nachmachen und über die Wege des Retiro joggen. Mitten im Park liegen die städtischen Sportanlagen *La Chopera* (128 C1) (🌐 H5) (*Mo–Fr 8.30–20.45, Sa/So 8.30–14.45 Uhr | 5 Euro*) mit Fußball- und Tennisplätzen sowie der Möglichkeit zum Muskelaufbautraining. Auch die ausgedehnten Grünzonen der *Casa de Campo* bieten sich zum Laufen an. Am Rand des Stadtwalds öffnet zudem von Juni bis August ● Madrids schönstes städtisches Freibad (122 A6) (🌐 B4) (*tgl. 11–21 Uhr | 6 Euro | Av. del Ángel | Metro 10 Lago*).

Ruheoase, Kinderspielplatz, Ausstellungshallen, Liegewiesen: Madrids „Central Park" Retiro

für die Tauben. Ein vornehm ausschauender Herr hat einen Campingtisch aufgebaut und liest dem ersten Kunden am Tag aus der Hand, der macht ein ernstes Gesicht. Auf der anderen Seite des Sees, unter dem mächtigen *Reiterdenkmal von Alfons XII.,* liegen Jugendliche faul in der Sonne und rauchen ohne allzu viel Heimlichtuerei einen Joint.

Die Touristen zieht es weiter in die Parkmitte: Im renovierten *Palacio de Cristal* (Eintritt frei) und im *Palacio de Velázquez* (Eintritt frei) ist zeitgenössische Kunst zu sehen. Im Süden steht die *Fuente del Ángel Caído* – wahrscheinlich das einzige Luzifermonument auf der Welt. An dessen Fuß bewachen acht Drachenköpfe symbolisch die Hölle, die der gefallene Engel nie mehr verlassen wird. Und im Südwesten des Parks erinnert der *Bosque de los Ausentes* aus 192 Zypressen und Olivenbäumen an die Opfer der Terroranschläge vom 11. März 2004, als

eine Gruppe von Islamisten vier Vorortzüge auf dem Weg nach Madrid in die Luft sprengte.

Im 17. Jh. ließ Philipp IV. den Parque del Buen Retiro („Park zum guten Rückzug") als Königsgarten anlegen. Seit 1868 ist er allen Madridern geöffnet – eine grüne Oase, die sich am Wochenende in einen quirligen Dorfjahrmarkt verwandelt. *Mai–Okt. tgl. 6–24, Nov.–April 6–22 Uhr | Metro 1, 2, 9 Retiro, Ibiza, Atocha*

▮ SAN GINÉS (118 C2) (*ⅅ E4*)

Die kleine Barockkirche von 1645, nach einem Feuer Ende des 19. Jhs. renoviert, birgt einen Schatz: das El-Greco-Gemälde „Die Austreibung der Wechsler aus dem Tempel" (1614), das auch als Allegorie auf den Kampf der katholischen Kirche gegen den Protestantismus verstanden werden kann. Samstags von 11.30 bis 12 Uhr öffnet die Kirche für Kunstliebhaber, die das Bild hinter einer Glasscheibe betrachten können. *C/ de Arenal 13 | Metro 1, 2, 3, 5 Sol, Ópera*

MADRID DE LOS AUSTRIAS/ LA LATINA

⭐ **Das Viertel verdankt seinen – inoffiziellen – Namen den Habsburgern, die mit Karl V. im 16. Jh. den spanischen Thron bestiegen, bevor sie zu Beginn des 18. Jhs. nach dem spanischen Erbfolgekrieg von den Bourbonen abgelöst wurden.**

Es waren die Habsburger, die Madrid um die Mitte des 16. Jhs. zur spanischen Hauptstadt machten. Vom alten, dem mittelalterlichen Madrid ließen sie fast nichts übrig. Einige wenige Spuren sind hier, im Madrid de los Austrias, noch zu finden.

Rund um den Königspalast und vor allem in dessen Südosten hat sich in den Gassen ein Zauber bewahrt, der in Madrid sonst kaum noch zu finden ist. Das liegt u. a. am Auf und Ab der Hügel und Einschnitte, dem die Straßen und Häuserzeilen notgedrungen gefolgt sind. Links und rechts der Calle Segovia zwischen Puerta Cerrada und dem Viaducto erleben Sie den Charme dieses Viertels am eindrücklichsten. Das tagsüber so verträumte *barrio* wandelt sich abends zu einer besonders angesagten *zona de marcha*. Die Szenegänger haben dem Viertel ihren eigenen Namen gegeben: La Latina, nach der nächsten Metrostation.

1 🟥 **INSIDER TIPP** ▶ **CAMPO DEL MORO**
(123 D6) (𝄐 D4)

Der elegante Garten hinterm Palacio Real mit seinen großzügigen Rasenflächen wird von den Madridern missachtet, weil er so umständlich zu erreichen ist: Vom Königspalast aus ist ein Fußmarsch bergab auf

Ein Gärtchen hinterm Haus: Campo del Moro hinter dem Königspalast

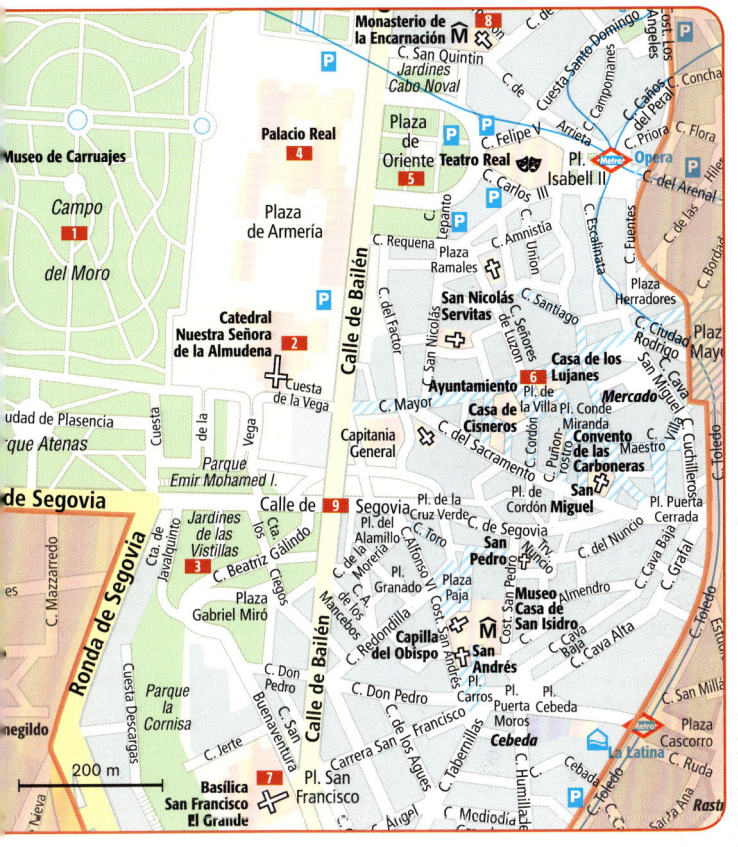

SEHENSWERTES IN MADRID DE LOS AUSTRIAS/LA LATINA

- **1** Campo del Moro
- **2** Catedral Nuestra Señora de la Almudena
- **3** Jardines de las Vistillas
- **4** Palacio Real
- **5** Plaza de Oriente
- **6** Plaza de la Villa
- **7** Real Basílica de San Francisco el Grande
- Fußgängerzone
- **8** Real Monasterio de la Encarnación
- **9** Viaducto

dem schmalen Bürgersteig an der viel befahrenen Cuesta de San Vicente fällig. Wer sich dennoch hinwagt (z. B. etwas bequemer mit der Metro), hat den Park fast für sich allein. Kurios: die *Fuente de las Conchas*, auf deren Rand drei steinerne Kinder gro-

ße Muschelschalen an den Mund halten. Auf der Spitze des Brunnens umarmt eine weitere Kinderfigur einen Delphin. *April– Sept. Mo–Sa 10–20, So 9–20, Okt.–März Mo–Sa 10–18, So 9–18 Uhr, bei offiziellen Anlässen geschl. | Metro 6, 10 Príncipe Pío*

2 CATEDRAL NUESTRA SEÑORA DE LA ALMUDENA (118 A3) (*☐ D4–5*)

Madrids Kathedrale ist ein zeitgenössisches Bauwerk, erst 1993 wurde sie geweiht. Das ursprüngliche Projekt von 1880 sah eine Kathedrale im neogotischen Stil vor, doch mehr als die (neoromanische) Krypta wurde davon bis 1911 nicht verwirklicht.

1947, wenige Jahre nach dem Ende des Spanischen Bürgerkriegs, wurden die Arbeiten wieder aufgenommen, diesmal einem klassizistischen Plan folgend, nach dem Beispiel des Königspalasts nebenan. Erst unter einer sozialistischen Regionalregierung in den Achtzigerjahren wurden sie schließlich zu Ende geführt. Das Ergebnis befriedigt die wenigsten. Aber ein bisschen ins Herz geschlossen haben die Madrider ihre Kathedrale trotzdem – spätestens seit hier Kronprinz Felipe de Borbón y Grecia 2004 seine Letizia geheiratet hat. Wer das *Kathedralmuseum (Mo–Sa 10–14.30 Uhr | 6 Euro | museocate dral.archimadrid.es)* besucht, sieht auch die Sakristei und den Kapitelsaal und kann auf die Kuppel steigen. *Tgl. 10–21 Uhr | Eintritt frei | C/ Bailén 10 | Metro 2, 5 Ópera*

3 JARDINES DE LAS VISTILLAS ☼ (127 D1) (*☐ D5*)

Ein kleiner Park südwestlich des Viaducto, in dem Sie einen herrlichen Blick auf die fernen Berge der Sierra de Guadarrama genießen können. In Sommernächten zieht es die Massen ins Freiluftlokal *Terraza Atenas. Metro 5 La Latina*

4 PALACIO REAL ★ (118 A2) (*☐ D4*)

Italienische Architekten sollten Mitte des 18. Jhs. für Philipp V. mit einem neuen Königspalast den Glanz von Versailles nach Madrid bringen – es wurde trotzdem ein sehr spanischer Bau: streng, quadratisch, mächtig. Im Innern füllt üppige, barocke Pracht die drei noblen seiner sieben Etagen: 100 000 m², über die sich Spaniens Könige und ihr Hofstaat ausbreiten konnten. Durch 50 seiner 280 königlichen Gemächer werden Besucher in einer guten Stunde hindurchgejagt, eine Reise durch eine Märchenwelt voller kostbarer Gemälde, Wandteppiche, Deckenmalereien, Stuckornamente, Lüster, Möbel, Uhren, Geschirr, Degen, Rüstungen, Landkarten, Bücher – und schließlich durch die Königliche Apotheke. Für den Blick auf Kleinigkeiten bleibt kaum Zeit. Lassen Sie sich einfach von der Atmosphäre des Prunks einfangen, den sich die Bourbonen erlaubten, während die meisten ihrer Untertanen von wenig mehr als 500 g Brot am Tag und etwas Lammfleisch lebten.

Nachdem der alte Alcázar an derselben Stelle 1734 abgebrannt war, begannen zwei Jahre später die Bauarbeiten für den neuen, außen klassizistischen Palast nach Plänen der Italiener Filippo Juvarra

und Giovanni Battista Sacchetti. Als erster Bewohner zog 1764 Karl III. in den Palast. Er blieb königliche Residenz bis zum Sturz der Monarchie 1931. Spaniens heutiger König Juan Carlos, seit 1975 im Amt, lebt außerhalb von Madrid im Zarzuela-Palast, den Palacio Real betritt er ausschließlich zu festlichen und politischen Anlässen. Dann weht neben der spanischen auch eine dunkelblaue Fahne mit Krone. *April–Sept. tgl. 10–20, Okt.–März 10–18 Uhr, Wachablösung Okt.–Juni erster Mi im Monat 12 Uhr | 10 Euro | ● Mi/ Do 15–18 (Okt.–März) bzw. 17–20 (April–Sept.) Uhr für EU-Bürger gratis | C/ Bailén | Metro 2, 5 Ópera*

5 PLAZA DE ORIENTE
(118 A2) (*E4*)

Ein vornehmer Platz, wie sich das in direkter Nachbarschaft zum Palacio Real gehört, mit vielen vornehmen Leuten. Die verlassen gerade in ihrem schönsten Staat das Teatro Real – Madrids Opernhaus – oder suchen einen Tisch im Café de Oriente, wo die Kellner und auch die Preise ein wenig vornehmer sind als andernorts in Madrid. Der Befehl zum Bau des Platzes stammte von José Bonaparte, den sein Bruder Napoleon 1808 als spanischen König eingesetzt hatte. José, der Pariser Luft gewöhnt war, fand Madrid zu eng und winkelig und ließ allerorten Wohnhäuser oder Kirchen abreißen, um Raum für Plätze zu schaffen. Die halbrunde Plaza de Oriente vollendete dann allerdings erst die Bourbonenkönigin Isabella II. In Stein gemeißelte westgotische Könige säumen das grüne Innere des Platzes – die Statuen sollten ursprünglich die Schlossbalustrade krönen. Schauen Sie auch einmal in die Unterwelt: An der Einmündung der Calle Felipe V führt eine Treppe zur Tiefgarage hinab. Sobald Sie die Parkebene betreten, gehen Sie ein paar Schritte nach rechts; dort sehen Sie hinter Glas die Fundamente einer *atalaya,* eines Wachturms aus

König Philipp V. war kein Freund von Understatement: Thronsaal im Palacio Real

Der Löwe bewacht das Reiterstandbild an der Plaza de Oriente vor dem Teatro Real

islamischer Zeit (11. Jh.) – einer der wenigen erhaltenen Reste des mittelalterlichen Madrids. *Metro 2, 5 Ópera*

6 PLAZA DE LA VILLA
(118 B3) (*E5*)

Ein stiller, eher unscheinbarer Platz an der Südseite der Calle Mayor. Hier steht das Rathaus Madrids, die *Casa de la Villa,* errichtet 1644 bis 1696. Teile der Stadtverwaltung sind in der benachbarten *Casa Cisneros* untergebracht, einem vielfach umgebauten Palast aus dem 16. Jh. Auf der Ostseite des Platzes steht das älteste profane Gebäude Madrids, die *Casa y Torre de los Lujanes,* ein Adelspalast aus dem 15. Jh. mit Eingangstor hinter einem Hufeisenbogen, in dem heute die Real Academia de Ciencias Morales y Políticas untergebracht ist. *Metro 2, 5 Ópera*

7 REAL BASÍLICA DE SAN FRANCISCO EL GRANDE (118 A5) (*D5*)

Madrids kunsthistorisch bedeutendste Kirche, erbaut 1761–1768 im neoklassischen Stil und von einer Kuppel mit 33 m Durchmesser und 72 m Höhe überwölbt.

In den Seitenkapellen teilen sich Gemälde spanischer Künstler des späten 19. Jhs. die Aufmerksamkeit mit Werken von Zurbarán, Cano und Goya. *Sept.–Juli Di–Fr 11–12.30 und 16–18.30, Sa/So 11–13.30, Aug. Di–So 11–12.30 und 17–19.30 Uhr | 3 Euro | C/ San Buenaventura 1 | Metro 5 La Latina*

8 REAL MONASTERIO DE LA ENCARNACIÓN (118 A–B 1–2) (*E4*)

Das barocke Augustinerinnenkloster, errichtet zu Beginn des 17. Jhs., wird noch von neun Nonnen bewohnt. Der beeindruckende Altarchor ist aus Gips, ansonsten ist das Kloster reich mit Kunst ausgestattet. Im Reliquienraum lagern mehr als 1500 Knochenreste, Haarbüschel, Stofffetzen und Holzsplitter von Heiligen. Die berühmteste Reliquie ist eine **INSIDER TIPP** Ampulle, die das Blut des hl. Pantaleon bewahrt. Jedes Jahr am 27. Juli wird sie in die Kirche gebracht, während auf wunderbare Weise das geronnene Blut wieder flüssig sein soll. *Di–Sa 10–14 und 16–18.30, So 10–15 Uhr | 7 Euro | Plaza de la Encarnación 1 | Metro 2, 5 Ópera, Santo Domingo*

9 VIADUCTO 🌿
(118 A3–4) (🗺 D–E5)

Schon der Architekt des Palacio Real, Giovanni Battista Sacchetti, träumte im 18. Jh. davon, den topografischen Einschnitt zwischen dem Königspalast und der Basílica San Francisco el Grande mit einer Brücke zu überwinden, doch erst mehr als 100 Jahre später, 1874, machte ein eisernes Viadukt den Traum wahr. 1942 wurde die eiserne durch eine Stahlbetonbrücke im rationalistischen Stil ersetzt. Die Brücke hat viele Selbstmörder in Versuchung geführt, heute verhindern 2 m hohe Glasplatten den Sprung in die Tiefe

CHUECA, MALASAÑA UND CONDE DUQUE

Chueca ist Madrids Gayviertel. Zwischen den Straßen Fuencarral, Gran Vía, Re-coletos und Calle Génova gibt es viel junge Mode und ein buntes Nachtleben.
Glücklicherweise ist der Stadtteil jedoch kein Getto der Schwulen- und Lesbenszene, sondern ein beliebter Stadtteil mit Trendrestaurants, ausgefallenen Modeboutiquen und Bars und Cafés. Vor zwei, drei Jahrzehnten war die zentrale Plaza Chueca Treffpunkt für Dealer und Junkies. Dass man sich heute sicher durch die Straßen bewegen kann, hat das Viertel den Schwulen zu verdanken. Sie kauften Häuser, renovierten sie, schicke Läden und Lokale entstanden. Einziges Problem dieser Entwicklung sind die Mietpreise, sie gehören inzwischen zu den höchsten ganz Madrids. Vom Aufschwung Chuecas profitierte auch die *Calle de Fuencarral,* die den westlichen Rand des Viertels markiert. Wie im Rest Chuecas tummelten sich hier noch Mitte der Neunzigerjahre Junkies und Dealer; heute ist sie eine der teuersten Einkaufsstraßen Madrids.

Malasaña, das Viertel westlich der Calle Fuencarral, hatte einst einen beinahe so schlechten Ruf wie Chueca in den Achtzigerjahren. Doch mit der Ende des 20. Jhs.

Salon in der Einkaufsstraße Calle de Fuencarral am westlichen Rand des Szeneviertels Chueca

begonnenen Grundsanierung von Gebäuden und Straßen hat Madrids Halbwelt die Lust auf dieses Viertel verloren. Sein Name geht auf eine junge Heldin des Madrider Aufstands gegen die Franzosen am 2. Mai 1808 zurück. An dieses Datum erinnert die *Plaza Dos de Mayo*, das Herz des Stadtteils und einer der gemütlichsten Ausgehplätze Madrids. Malasaña gehört immer noch zu den beliebtesten nächtlichen *zonas de marcha* für junges Publikum und Studenten. Gleichzeitig öffnen immer mehr Läden und Restaurants, die auch tagsüber Leute auf der Suche nach dem Besonderen anziehen. Boutiquen und interessante Läden finden sich vereinzelt auch im ansonsten eher ruhigen Viertel rund um das Kulturzentrum Conde Duque. Dieses Altstadtwohnviertel voller gemütlicher Kneipen, Tapabars und *terrazas* schließt sich im Westen an Malasaña an.

Die Straßen weiter südlich in Richtung Gran Vía befinden sich gerade im Umbruch. **INSIDER TIPP** Triball wird die angesagte Zone zwischen den Straßen Balles-ta, Pez und Gran Vía genannt. Junge Modemacher versuchen hier ihr Glück, trendige Cafés und Lokale eröffnen, während in den Gassen Prostituierte auf Kundschaft warten.

1 CASA LONGORIA (124 B4) (*G3*)
Der katalanische Architekt José Grases Riera brachte mit dem 1903 fertiggestellten Haus seine persönliche Vorstellung vom Modernismus (der spanischen Spielart des Jugendstils) nach Madrid. Beauftragt hatte ihn der Bankier und Politiker Javier González Longoria. Über die Ästhetik der überbordenden Fassade lässt sich streiten, die runde Eisen-Bronze-Marmor-Treppe im Inneren dagegen ist von zeitloser Schönheit. Heute ist hier der spanische Autorenverband SGAE untergebracht. *C/ Fernando VI 4, Ecke C/ Pelayo 61 | Metro 4, 5, 10 Alonso Martínez*

2 GRAN VÍA
(118–119 B–E 1–2) (*E3–4, F4*)
„Als ich das erste Mal nach Madrid kam, stieg ich an der Gran Vía aus der Metro

Gran Vía an der Plaza Callao: Der Boulevard ist Madrids Hauptschlagader

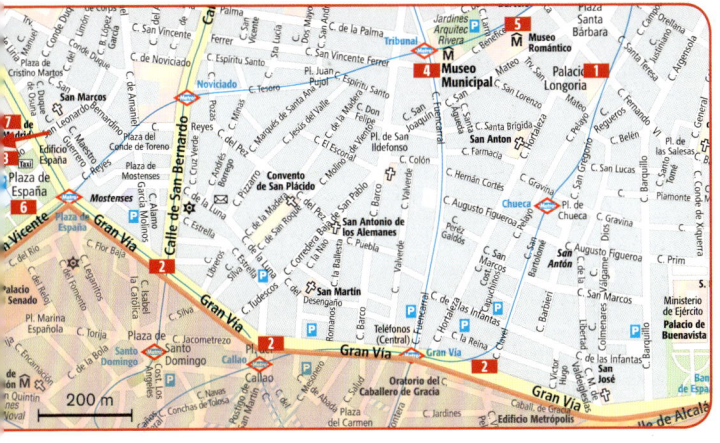

und schaute nach oben: Ich dachte, ich sei in New York", erzählt Pablo Carbonell, ein in Spanien berühmter Musiker und Showmann. Nirgendwo ist Madrid so großstädtisch wie auf diesem 1,3 km langen Boulevard. Er entstand nach Pariser Vorbild zwischen 1910 und 1950: ein gewaltiger Schnitt mitten ins historische Zentrum der Stadt. 358 Gebäude fielen der Spitzhacke zum Opfer, 14 Straßen verschwanden vom Stadtplan.

Begonnen wurde an der Calle de Alcalá, in diesem Teil prunkt ein eklektizistischer Stil mit allem, was die Fassade an Ornamentik tragen kann. 1929 wurde das für seine Zeit kühne Telefónica-Gebäude eingeweiht. 81 m ist es hoch. Der nächste Bauabschnitt reichte bis zur Plaza Callao. Hier macht die Straße einen Knick und führt leicht bergab zur Plaza de España. Vom Vorbild Paris ist an den Gebäuden nichts mehr zu sehen, sie folgen einem modern-monumentalen Stil,

der sich vage an den frühen Wolkenkratzern New Yorks orientiert.

Heute ist die Gran Vía eine belebte Einkaufsstraße mit vielen Kinos und Musicaltheatern, einem niemals endenden Verkehrsstrom auf den sechs Fahrspuren. Wer ein wenig Metropolenflair sucht, der ist hier richtig. *Metro 1, 5 Gran Vía*

3 MUSEO CERRALBO

(123 D4) (*D3*)

Der Palast in der Nähe der Plaza de España ist dermaßen mit Kunstschätzen voll gestopft, dass er fast mit dem Königspalast mithalten kann. Der Marqués de Cerralbo (1845–1922) plante das Gebäude als Wohnhaus und Museum, damit er all die Kunstwerke, die er während seiner zahlreichen Reisen sammelte, auch ausstellen konnte. Medaillen, Waffen, archäologische Funde, Uhren, Werke von Zurbarán, El Greco, Ribera und van Dyck, Kronleuchter aus der königlichen

Manufaktur La Granja bei Segovia, wertvolles Porzellan aus China, Meißen und der ehemaligen Manufaktur im Casón del Buen Retiro sowie Möbel und Gobelins aus Brüssel und Aubusson schmücken das Heim des Marquis. *Di–Sa 9.30–15, Do auch 17–20, So 10–15 Uhr | 3 Euro | ● Sa 14–15 Uhr und So Eintritt frei | C/ Ventura Rodríguez 17 | Metro 3, 10 Plaza de España*

4 MUSEO DE HISTORIA
(124 A4) (*F3*)

Im einstigen Hospiz (18. Jh.) ist das Stadtmuseum untergebracht. Das Eingangsportal erschlägt fast mit seiner barocken Pracht. Drinnen sind Gemälde, Fotos und Dokumente zur Stadtgeschichte ausgestellt. Höhepunkt ist **INSIDER TIPP** ein exaktes Modell Madrids aus dem Jahr 1830. Derzeit ist nur ein Teil des soeben renovierten Museums geöffnet. *Di–Fr 9.30–20, Sa/So 10–14 Uhr | Eintritt frei | C/ de Fuencarral 78 | Metro 1, 10 Tribunal*

5 INSIDER TIPP MUSEO DEL ROMANTICISMO (124 A4) (*F3*)

Im kleinen, versteckt gelegenen Haus des Marqués de Vega-Inclán (1858–1942), übrigens der Ideengeber der 1927 gegründeten staatlichen Parador-Hotels, lebt in 26 Räumen plus Garten die Epoche der Romantik in Gemälden, Teppichen, Mobiliar und Accessoires fort. Prächtig ist der Tanzsaal, meisterlich Goyas Bildnis von Papst Gregor in der Hauskapelle. *Di–Sa 9.30–20.30 (Nov.–April bis 18.30), So 10–15 Uhr | 3 Euro, Sa ab 14 Uhr frei | C/ San Mateo 13 | Metro 1, 10 Tribunal*

6 PLAZA DE ESPAÑA
(123 D–E 4–5) (*D–E3*)

Auf dem großen Platz am westlichen Ende der Gran Vía verlieren sich die Passanten zwischen überwiegend nüchternen Zweckbauten und einem ununterbrochenen Verkehrsstrom an allen vier Rändern. Doch auf seiner südlichen Seite ist ein kleiner Park mit ein wenig Rasen unter Olivenbäumen angelegt worden, in dem sich die Madrider – ganz Großstädter – zum Plausch treffen und sich nicht von Lärm und fehlender Ästhetik schrecken lassen. In der Mitte des Platzes reitet seit 1928 Spaniens heimlicher Nationalheld Don Quijote auf seinem Pferd Rosinante, natürlich begleitet von Sancho Pansa. In ihrem Rücken blickt Miguel de Cervantes streng auf seine Romanfiguren hinab. Auffällige Gebäude sind das 28-stöckige *Edificio de España* von 1953 an der Nordostseite des Platzes, das derzeit leersteht, und daneben die *Torre de Madrid,* ein 1957 fertiggestellter, 130 m hoher Wohnturm. *Metro 3, 10 Plaza de España*

7 TEMPLO DE DEBOD ☼
(123 D4) (🔯 D3)

Der kleine altägyptische Tempel zu Ehren der Götter Amun und Isis (2. Jh. v. Chr.) ist das älteste Bauwerk Madrids. An seinem jetzigen Standort im Süden des Parque del Oeste ist er allerdings erst seit 1972 zu bestaunen. Die ägyptische Regierung schenkte den Tempel dem spanischen Staat zum Dank für die Hilfe spanischer Archäologen bei der Rettung Abu Simbels am westlichen Nilufer während des Baus des Assuanstaudamms in den Sechzigerjahren. Hier am Templo de Debod genießen Sie einen privilegierten Blick über die Casa de Campo und den Königspalast – **INSIDER TIPP** es ist Madrids schönster Ort, der Sonne beim Untergehen zuzuschauen. *April–Sept. Di–Fr 10–14 und 18–20, Sa/So 10–14, Okt.–März Di–Fr 9.45–13.45 und 16.15–18.15, Sa/So 10–* 14 Uhr | Eintritt frei | Paseo del Pintor Rosales | Metro 3 Ventura Rodríguez

LAVAPIÉS UND RASTRO

Deutschen Besuchern fällt sofort der Vergleich mit Berlin-Kreuzberg ein: Lavapiés ist Madrids Viertel mit dem höchsten Ausländeranteil – etwa 40 Prozent – und einer starken Anziehungskraft auf die alternative Szene.

Die *Plaza Lavapiés* ist die gute Stube der Immigranten aus Lateinamerika, Nord- und Schwarzafrika. Die Gegend um die *Calle del Mesón de Paredes* hat sich dagegen zu einem unüberschaubaren chinesischen Großhandelsmarkt entwickelt, immer mehr Geschäfte haben das Schild

Spaniens Nationalhelden Don Quijote und Sancho Pansa: Blickfang auf der Plaza de España

venta al mayor neben der Tür hängen: Verkauf nur an Weiterverkäufer. In der *Calle de Argumosa* drängen sich schließlich die Kneipen und Restaurants für ein hauptsächlich junges, vorwiegend spanisches Publikum.

Westlich von Lavapiés, rund um die Calle Embajadores und die Plaza Cascorro, liegt eine etwas heruntergekommene Gegend, in deren Straßen sich sonntagvormittags der Rastro, Madrids großer Flohmarkt, ausbreitet. Mit ein wenig Entdeckergeist findet man hier wunderbar ramschige Antiquitätenläden. Lavapiés und die Gegend um den Rastro sind Viertel, die vor allem sich selber gefallen wollen. Doch in seinem östlichsten Winkel hat Lavapiés eine der größten Attraktionen Madrids zu bieten: das Museum für moderne Kunst Reina Sofía, in dem Picassos „Guernica" ausgestellt ist. Und von dort sind es nur ein paar Schritte zum Atocha-Bahnhof mit seiner tropischen Empfangshalle.

🟥 CENTRO DE ARTE REINA SOFÍA ⭐ ● (119 F5–6) (🗺 G6)

Das Reina Sofía beherbergt eine der bedeutendsten Sammlungen zeitgenössischer, vornehmlich spanischer Kunst vom Beginn des 20. Jhs. bis heute. Ihr goldenes Herz ist Picassos *Guernica* (2. Stock, Saal 6), das der Maler 1937 während des Spanischen Bürgerkriegs im Auftrag der republikanischen Regierung für die Pariser Weltausstellung malte. Am 26. April 1937 hatten Flieger der deutschen Legion Condor über dem baskischen Städtchen Guernica ihre Bombenlast abgeworfen, drei Viertel des Orts zerstört und Hunderte Menschen getötet. Die deutschen Militärs auf Seiten Francos probten mit der Bombardierung zum ersten Mal den „totalen Krieg", der sich die Zivilbevölkerung zum Ziel nimmt. Aufgewühlt und empört, machte sich Picasso ein sehr eigenes Bild von den Schrecken des Kriegs. Das Erkennungsmerkmal des Hospitals aus dem 18. Jh. sind zwei gläserne Auf-

Kunst, Kitsch und Nippes: Der Rastro ist Pflichtprogramm am Sonntagvormittag

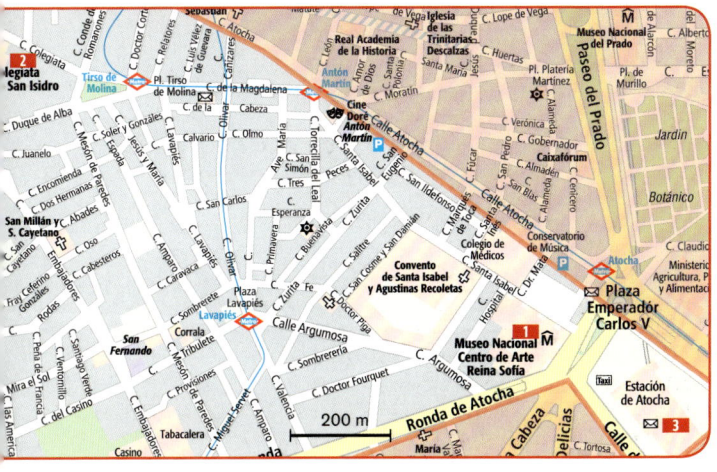

SEHENSWERTES IN LAVAPIÉS UND RASTRO

1 Centro de Arte Reina Sofía   **2** Colegiata de San Isidro   **3** Estación de Atocha

zugsschächte vor dem schmucklosen Gebäudeteil, der 1992 zum Museum wurde. 2005 erweiterte der französische Architekt Jean Nouvel das Kunstzentrum mit einem futuristischen Anbau, in dem sich neben zusätzlichen Flächen für Wechselausstellungen, ein sehenswertes Caférestaurant, eine Bibliothek und die wohl INSIDER TIPP beste Buchhandlung der Stadt für Kunst, Kultur und Design befindet.

Seit Manuel J. Borja-Villel und sein Team die Leitung übernommen haben, ist das Kunstzentrum deutlich lebendiger und interessanter geworden. Am sichtbarsten wird das an der Präsentation der ständigen Sammlung in der 2. und 4. Etage des Sabatini-Baus. Borja-Villel zeigt die Dalís, Mirós, Picassos nicht als kanonische Werke, sondern setzt sie in thematische und soziokulturelle Kontexte. Die 2. Etage umfasst den Sammlungszeitraum von 1900 bis 1945, *Colección 1* genannt. Picassos berühmtes Guernica-

Gemälde etwa wird flankiert von politischen Plakaten und Propagandawerken der Bürgerkriegszeit der Dreißigerjahre des 20. Jhs. Ähnliches geschieht mit dem Werk von Salvador Dalí, Julio González oder Oskar Schlemmer. *Colección 2* in der 4. Etage nimmt die kulturellen Strömungen der Jahre 1945–1968 in den Blick: die Schrecken des Kriegs, die Suche nach Utopien, neuen Freiheiten ... Fast labyrinthisch ist hier die Museumsarchitektur. Neben bekannten Künstlern wie Mark Rothko, Lucio Fontana, Jorge Oteiza oder Joan Miró sind da auch Gemälde jener akademischen Kunst zu sehen, die unter Franco geschätzt wurde: spanische Street-Fotografie der Fünfzigerjahre oder Kinofilme jener Zeit. Eine Entdeckungsreise in die Unterströmungen unserer kulturellen Gegenwart!

Mo und Mi–Sa 10–21, So 10–19 Uhr | 8 Euro, Sa ab 14.30 Uhr und So gratis | www.museoreinasofia.es | C/ de Santa Isabel 52 | Metro 1 Atocha

2 COLEGIATA DE SAN ISIDRO
(118 C4) (*E5*)

Madrids monumentalste Barockkirche, 1651 noch vor ihrer endgültigen Fertigstellung geweiht, war mehr als 100 Jahre lang Madrids provisorische Kathedrale: von 1885, als sich Madrid als eigenständige Diözese von Toledo löste, bis zum Tag der Weihung der Almudena 1993. Der Bau mit seiner enormen Kuppel und den geräumigen Seitenkapellen hat die richtigen Ausmaße dafür. Und schließlich liegen hier auch seit 1769 die Überreste des hochverehrten Madrider Stadtheiligen San Isidro. *C/ de Toledo 37 | Metro 5 La Latina*

3 ESTACIÓN DE ATOCHA ★ ●
(119 F6) (*G–H6*)

Von außen sieht es aus wie ein Bahnhof, von innen wie ein überdimensionales Gewächshaus. Gut 100 Jahre lang fuhren Lokomotiven in die prächtige Halle unter das gewölbte Dach aus Eisen und Glas ein, bis sich die spanische Regierung in den Kopf setzte, eine Hochgeschwindigkeitsverbindung zur Expo 1992 in Sevilla zu schaffen. Für den modernen Zug, AVE getauft, baute der spanische Architekt Rafael Moneo eine neue Halle direkt hinter die alte, und auf einmal war Platz für den Palmengarten im Bahnhof. Am angenehmsten genießen Sie die tropische Atmosphäre im Restaurant *Samarkanda (tgl. | Tel. 9 15 30 97 46 | €€)* auf einer erhöhten Terrasse auf der nördlichen Seite der Halle.

Am Morgen des 11. März 2004 ließen islamistische Terroristen in vier Madrider Vorortzügen zehn Bomben explodieren, die 191 Menschen in den Tod rissen. Einer der Züge war gerade in den Bahnhof Atocha eingefahren, in den tiefer liegenden, für die *cercanías* reservierten Bereich. Auf der Avenida Ciudad de Barcelona an der Ostseite des Bahnhofs erinnert seit dem dritten Jahrestag der Anschläge 2007 ein gläsernes Mahnmal an die Opfer. *Metro 1 Atocha Renfe*

LOW BUDG€T

▶ Die drei Topmuseen Prado, Reina Sofía und Thyssen-Bornemisza verkaufen den *Abono Paseo del Arte,* der für 21,60 Euro Zutritt zu allen dreien gewährt – Sie sparen so 9,40 Euro.

▶ Um Madrids Hauptachse Paseo de la Castellana zu erleben, können Sie in den *bus turístico* einsteigen – oder viel günstiger in den Bus der Linie 27. Die Fahrt kostet so nur 1,50 Euro.

Eine Bahnhofshalle als Palmengarten: die wundersame Wandlung der alten Estación de Atocha

SALAMANCA UND CHAMBERÍ

Wer im Barrio de Salamanca sein Zuhause hat, der lebt auf der Sonnenseite des Lebens.

Nirgendwo sind die Wohnungen teurer als in diesem Stadtbezirk östlich des Paseo de la Castellana und nördlich des Retiroparks. Im rechtwinkligen Straßennetz liegen Stadtpaläste und vornehme Bürgerhäuser des 19. Jhs. Die fein angezogenen Bewohner lieben die gediegene Atmosphäre der Nachbarschaft und nehmen dafür gern ein etwas ruhigeres Nachtleben in Kauf. Für Madridbesucher ist das Salamancaviertel vor allem wegen seiner exklusiven Geschäfte an der und rund um die Calle Serrano und wegen einiger hochklassiger Restaurants interessant.

Westlich vom Barrio de Salamanca, auf der anderen Seite des Paseo de la Castellana, liegt Chamberí, ein schönes Wohnviertel für Leute mit Geld, aber geringer ausgeprägtem Klassenbewusstsein als das ihrer Nachbarn östlich des Paseos de la Castellana. Hier gibt es noch ein paar volkstümliche Ecken wie die *Plaza Chamberí* **(124 A–B2)** *(◻ G2)* und vor allem die *Plaza Olavide* **(124 A2)** *(◻ F2)* mit ihrem regen sommerlichen Nachtleben. Ein guter Ausgangspunkt für eine Erkundung des Viertels ist der Platz *Glorieta de Quevedo* an der gleichnamigen Station der Metrolinie 2.

SEHENSWERTES IN SALAMANCA UND CHAMBERÍ

1 Museo Andén 0
2 Museo Arqueológico Nacional
3 Museo Lázaro Galdiano
4 Museo Sorolla

1 MUSEO ANDÉN 0
(124 A–B2) (🗺 G2)

Eine Zeitreise in die Eingeweide der Stadt: Die ehemalige Station Chamberí (zwischen den Stationen Iglesia und Bilbao), 1919 von König Alfons XIII. eingeweiht, gehörte zur ersten U-Bahn-Linie Madrids, wurde aber in den Sechziger-jahren des 20. Jhs. geschlossen. Nach Jahrzehnten des Vergessens dient sie nun als Museum, inklusive gekachelter Reklame für Läden und Bars, die es längst nicht mehr gibt. *Fr 11–13 und 17–19, Sa/So 10–14 Uhr | Eintritt frei | www.esmadrid.com/andenO | Plaza de Chamberí | Metro 1 Iglesia*

2 MUSEO ARQUEOLÓGICO NACIONAL (124 C4) (🛱 H3)

Jede Spanierin, jeder Spanier kennt die „Dame von Elche", eine steinerne Skulptur aus vorrömischer Zeit, die bei Elche am Mittelmeer ausgegraben wurde. Ausgestellt ist sie heute in der Hauptstadt im Archäologischen Nationalmuseum, zu dessen Schätzen auch eine Sammlung westgotischer Kronen und Goldschmucks gehört – die Germanenstämme, die nach den Römern bis zur arabischen Eroberung 711 die Iberische Halbinsel beherrschten, hinterließen nur wenige Zeugnisse ihrer Kultur. Das Museum wird restauriert und soll Anfang 2014 wieder öffnen. *C/ de Serrano 13 | man.mcu. es | Metro 2, 4 Retiro, Serrano*

3 MUSEO LÁZARO GALDIANO (124–125 C–D1) (🛱 H1)

Die Villa im Norden des Salamancaviertels zeigt die beachtlichen Schätze des Sammlers, Verlegers und Finanzmanns José Lázaro Galdiano (1862–1947). An den Wänden hängen spanische Meister wie Goya, El Greco, Zurbarán, Velázquez und Murillo, in den Vitrinen prunkt Schmuck aus der Zeit der Phönizier. *Mo und Mi–Sa 10–16.30, So 10–15 Uhr | 6 Euro, ab 1 Std. vor Schließung gratis | www.flg.es | C/ de Serrano 122 | Metro 5 Rubén Darío*

4 MUSEO SOROLLA (124 B1–2) (🛱 G1)

Die Villa aus dem frühen 20. Jh. war Wohnhaus und Werkstatt des spanischen Malers Joaquín Sorolla (1863–1923) in seinen letzten Lebensjahren. Während man seine lichtdurchfluteten Bilder betrachtet, bekommt man zugleich einen Eindruck vom Leben des Künstlers. Schöner Garten im andalusischen Stil. *Di–Sa 9.30–20, So 10–15 Uhr | 3 Euro, So gratis | Paseo General Martínez Campos 37 | museosorolla.mcu.es | Metro 5, 7, 10 Gregorio Marañón, Rubén Darío*

Sie hat die Haare schön: die „Dama de Elche", eine Büste der Iberer im Museo Arqueológico

AUSSERDEM SEHENSWERT

INSIDER TIPP EL CAPRICHO DE LA ALAMEDA DE OSUNA (0) (🛝 0)

Der kleine Park im Osten der Stadt mit seinen französischen, italienischen und englischen Stilelementen ist eine Oase der Ruhe ohne Hunde, Radfahrer oder Fußballspieler, beliebt bei frisch Vermählten, die hier das Hochzeitsfoto machen lassen. *Nur an Wochenenden und Feiertagen geöffnet | Metro 5 El Capricho*

CASA DE CAMPO ●
(122 A–B 5–6) (🛝 A–B 2–4)

Der Name des Parks bedeutet Landhaus – ein solches ließ Philipp II. Mitte des 16. Jhs. am westlichen Stadtrand zum Jagdschlösschen ausbauen. Das dazugehörige königliche Jagdrevier wurde 1931 zur öffentlichen Anlage erklärt. Die gut 17 km² lockeren Kiefernwaldes sind heute die grüne Lunge Madrids, auch wenn ein laubwaldverwöhnter Mitteleuropäer das hügelige Baumland etwas karg finden wird. Die meisten Besucher zieht es in den Zoo und den *Parque de Atracciones* am Südostrand der Casa de Campo. Beliebt bei den Madridern sind Sonntagsausflüge mit dem ☀ *Teleférico de Madrid (s. Kapitel „Mit Kindern unterwegs")*, einer Seilbahn, die vom südlichen Ende des *Parque del Oeste (122 C3) (🛝 C2)* 2,5 km weit mitten in die Casa de Campo hineinschwebt – aus bis zu 40 m Höhe lassen sich wunderbar der Park und weite Teile der Stadt übersehen. Ein idealer Familienausflug! *Metro 10 Lago*

ERMITA DE SAN ANTONIO DE LA FLORIDA (122 B–C4) (🛝 C3)

Das kleine Kirchlein ist seit 1919 die Grabstätte von Francisco de Goya. In der Kirchenkuppel über ihm wölbt sich sein Fresko „Die wunderbare Erscheinung des hl. Antonius in Lissabon" nach langer Restaurierung in voller Pracht. *Di–So 9.30–20 Uhr | Eintritt frei | Glorieta San Antonio de la Florida 5 | Metro 6, 10 Príncipe Pío*

MADRID RÍO (122 C 5–6, 126–127 C–F 1–6) (🛝 C–F 4–8)

Madrid hat seinen Fluss zurück. Eigentlich ist er mehr ein Rinnsal, aber so gestaut wie in dieser urbanistischen Großtat, darf der Name *río* schon gelten. Wo früher Autobahnen und Straßenkreuzungen waren (jetzt unterirdisch), erstreckt sich heute ein Park von der Puente del Rey bis tief in den Süden. *Metro 6, 10 Príncipe Pío*

MUSEO DE AMÉRICA (122 C1) (🛝 C1)

Spaniens Kolonialgeschichte in Amerika begann mit Kolumbus' Reise 1492, die ihn eigentlich nach Indien führen sollte, und endete mit dem Verlust Kubas 1898. Das Amerikamuseum versucht diese Geschichte nachzuzeichnen, ohne deren schmerzhafte und oft menschenverachtende Aspekte zu vertiefen. Beeindruckend sind vor allem die Ausstellungsstücke aus der präkolumbischen Zeit. *Di–Sa 9.30–20.30 (Nov.–April bis 18.30), So 10–15 Uhr | 3 Euro, So gratis | museodeamerica.mcu.es | Av. de los Reyes Católicos 6 | Metro 3, 6 Moncloa*

PLAZA DE CASTILLA (0) (🛝 0)

Wer in Madrid Großstadtgefühle vermisst, fahre zum Kastilienplatz am Paseo de la Castellana im Norden der Stadt unweit von Madrids nördlichem Hauptbahnhof Chamartín. Hier haben die US-amerikanischen Architekten Philipp Johnson und John Henry Burgee in den Neunzigerjahren als modernes Stadttor die *Puerta de Europa* errichtet: zwei Hochhaustürme, die sich um 15 Grad ge-

An der Plaza de Castilla gibt sich Madrid mit der Puerta de Europa (post-)modern

kippt einander zuneigen. Mit ihren 107 m und 27 Stockwerken reichen die Türme an wahre Wolkenkratzer nicht heran, doch ihre einmalige Form hat sie zum inoffiziellen Wahrzeichen Madrids werden lassen. Die goldfunkelnde Stele inmitten des Platzes, der 92 m hohe *Obelisco de Calatrava,* wurde vom valencianischen Architekten Santiago Calatrava entworfen. Anderthalb Kilometer weiter nördlich ragen vier echte Wolkenkratzer in den Himmel über Madrid, die *Cuatro Torres,* darunter die von Norman Foster entworfene *Torre Bankia.* Mit 250 m ist sie Spaniens höchstes Gebäude. Die Türme sind nicht zu besichtigen. Sie beherbergen Büros, Banken und das Luxushotel *Eurostars Madrid Tower Hotel (474 Zi. | Tel. 9 13 34 27 00 | www.eurostarsmadrid tower.com | €€€). Metro 1, 9, 10 Plaza Castilla*

PLAZA DE TOROS LAS VENTAS
(0) (*M L2*)

Man kann den Stierkampf hassen und sich trotzdem von dieser monumentalen Arena am Schnittpunkt von Calle de Alcalá und Stadtautobahn östlich vom Salamancaviertel beeindrucken lassen. Sie wurde im nachempfundenen Mudejarstil erbaut, mit Hunderten von Hufeisenbögen in der Backsteinfassade. 1934 fand hier die erste *corrida* statt. 23 000 Menschen haben in dem gewaltigen Rund Platz.

Heute dient die Arena nicht nur dem rituellen Stieretöten, sondern wird immer wieder auch als Open-Air-Bühne für Konzerte heimischer und internationaler Pop- und Rockstars genutzt. *40-minütige Besichtigungen Di–So 10–13.30 Uhr | 7 Euro | Alcalá 237 | www.las-ventas.com | Metro 1, 2 Ventas*

ESSEN & TRINKEN

Die Spanier lieben ihre Küche. Wenn sie die Vorzüge ihres Landes aufzuzählen beginnen, nimmt das Essen eine herausragende Stellung ein.

Kein Zweifel, dass die spanische Küche auf exzellente Zutaten zurückgreift: frisches Gemüse, frisches Fleisch und vor allem frischer Fisch und Meeresfrüchte. Vor den Toren Madrids öffnet jeden Morgen der nach Tokio zweitgrößte (nur für Großhändler zugängliche) Fischmarkt der Welt seine Pforten. Fisch, kalt gepresstes Olivenöl, Hülsenfrüchte und ein Gläschen Rotwein sind die Grundpfeiler der mediterranen Ernährung und somit der hohen Lebenserwartung der Spanier.

Doch außer Olivenöl, Salz und Pfeffer und gerne etwas Knoblauch geben die Kastilier ihren Speisen traditionell wenig

bei. Das ist es gerade, was ihnen an ihrer eigenen Küche so gefällt: der reine Geschmack der Tomate!, des Barsches!, des Schweins!, der Miesmuschel! Raffinierte Saucen, Gewürze oder Gemüsekombinationen sind Sache der Spanier nicht. Ein Stück Fleisch, mit wenig Öl kurz gebraten, dazu hausgemachte Pommes frites – fertig ist das klassische Madrider Hauptgericht.

Die Küchentraditionen an der Küste sind reicher als die im Landesinneren. Selbstverständlich lässt sich all das in Madrid probieren. Und natürlich gibt es hervorragende Restaurants wie in allen wohlhabenden Großstädten. Aber wer ein einfaches Mittagsmenü für 10 Euro oder etwas mehr bestellt, darf gutes Handwerk, doch keine hohe Kunst erwarten.

Gute Zutaten, einfache Rezepte: Die exzellenten, frischen Ingredienzien sind das Geheimnis der geradlinigen Küche Kastiliens

Die Essenszeiten sind für Mitteleuropäer gewöhnungsbedürftig. Die Restaurants öffnen gegen 21 Uhr, aber am Wochenende ist es auch nicht ungewöhnlich, sich erst um 23 Uhr zum Essen zu verabreden. Zu Mittag wird typischerweise zwischen 14 und 16 Uhr gegessen.

CAFÉS

CAFÉ COMERCIAL (124 A3) *(ΩΩ F2)*
Durch eine Drehtür geht es in den Eingangsbereich mit Tapatresen, dahinter kommt das Café mit lederbezogenen Sitzbänken und Marmortischen. Eine Institution seit 1887. *Mo–Sa 7.30–1, So 10–1 Uhr | Glorieta de Bilbao 7 | Metro 1, 4 Bilbao*

EL ESPEJO ★ (124 C4) *(ΩΩ G3)*
Dieses Café im Glashaus auf dem Fußgängerboulevard des Paseo de Recoletos ist erst 1978 eröffnet worden, bezaubert aber mit dem ganzen Charme des Jugendstils. *Mo–Fr 8–1, Sa/So 10.30–1 Uhr | Paseo de Recoletos 31 | Metro 4 Colón*

CAFÉ GIJÓN ● (124 B5) (⌖ G4)
Wahrscheinlich das berühmteste Literatencafé Spaniens; eröffnet 1888, ist es auch heute immer voller Leute, vor allem älteren Semesters. *Tgl. 9–1.30 Uhr | Paseo de Recoletos 21 | Metro 4 Colón*

CAFÉ DEL NUNCIO (118 B4) (⌖ E5)
Innen klassisch, draußen **INSIDER TIPP** entspanntes Café auf den Stufen der Gasse Costanilla del Nuncio im Herzen von La Latina. *Tgl. 12.30–2.30 Uhr | C/ Segovia 9 | Metro 5 La Latina*

gekommen, aber genau das macht den Charme des Barbieri aus. *Tgl. 16–2 Uhr | C/ Ave María 45 | Metro 3 Lavapiés*

ESSEN UNTER FREIEM HIMMEL

IROCO (125 D4) (⌖ H3)
Elegantes Restaurant im *barrio* Salamanca mit internationaler Küche und feiner Gartenterrasse. *Tgl. | C/ de Velázquez 18 | Tel. 914317381 | Metro 4 Velázquez | €€–€€€*

Ruhe vor dem Sturm: An den Bartresen geht es meist lebhaft und lautstark zu

DELIC (118 A4) (⌖ E5)
Das junge Publikum drängelt sich am frühen Nachmittag um die kleinen Tische. Bunt wie das Café ist auch die Karte, es locken leckere Kuchen, Tabulé oder Misosuppe. *Di–So 11–2, Mo 20–2 Uhr | Costanilla de San Andrés 14 | Metro 5 La Latina*

NUEVO CAFÉ BARBIERI (119 D5) (⌖ F6)
Ein bisschen Wiener Kaffeehausatmosphäre zwischen Eisensäulen und Marmortischen – mit der Zeit etwas herunter-

INSIDER TIPP PLAZA OLAVIDE (124 A2) (⌖ F2)
Bei gutem Wetter ist der runde, verkehrsberuhigte Platz in Chamberí ein einziger Bienenkorb. Acht einfache Restaurants mit Dutzenden von Tischen vor der Tür. Typische Mahlzeit zum Teilen: eine große Salatschüssel und *tortilla de patatas*. *Metro 1, 2 Iglesia, Quevedo | €*

EL PUERTITO (118 B2) (⌖ E4)
Schön, dass es auch mitten im Zentrum so ein nettes, nicht rein touristisches Lo-

kal gibt. Auf der kleinen Terrasse in der Nähe des Palacio Real kann man ein leckeres *ceviche* (marinierter Fisch) genießen oder die kanarischen Runzelkartoffeln *papas arrugadas.* Auf der Karte finden sich auch jede Menge guter Weine aus dem Anbaugebiet Toro. *Tgl. | C/ Felipe V 2 | Tel. 915470612 | Metro 2, 5 Ópera | €€*

TAQUERÍA DEL ALAMILLO
(118 A4) (*ᗕ E5*)

Einige heiß begehrte Tische zwischen viel Pflanztopfgrün in einem der schönsten Altstadtwinkel des Madrid de los Austrias. Traditionelle mexikanische Küche. *Di-Mittag und Mo geschl. | Plaza del Alamillo 8 | Tel. 913642088 | Metro 5 La Latina | €–€€*

RESTAURANTS €€€

INSIDER TIPP ASIANA/NEXT DOOR
(124 A4) (*ᗕ G3*)

Tagsüber ein Laden für asiatische Antiquitäten, wandelt sich der Gewölbekeller des Asiana abends zum intimen Restaurant mit gerade sieben Tischen. Der junge Jaime Renedo ist ein Fanatiker der Fusionküche. Davon kann man sich bei wöchentlich wechselnden Menüs überzeugen. Next Door heißt das informellere, günstigere Lokal im Haus. *Asiana So/ Mo und mittags geschl., Next Door So Abend geschl. | Travesía de San Mateo 4 | Tel. 913104020 | www.asiananextdoor. com | Metro 1, 10 Tribunal*

EL CLUB ALLARD (123 D4) (*ᗕ D3*)
Das mit zwei Michelinsternen ausgezeichnete Restaurant ist genauso edel, wie der Prunkbau an der Plaza de España von außen aussieht. Zur Wahl stehen drei Menüs – alle aus zahlreichen kleinen Gängen bestehend – zwischen 86 und 115 Euro. *Mo-Abend, Sa-Mittag und So geschl. | C/*

Ferraz 2 | Tel. 915590939 | www.el clubalLard.com | Metro 3, 10 Plaza de España

INSIDER TIPP LA FAVORITA
(124 A3) (*ᗕ F2*)

Kreative Küche in familiärer Atmosphäre und vor dem Haus ein kleiner, ummauerter Garten mit fünf Tischen sind an sich schon gute Gründe, dieses Restaurant zu lieben. Doch der eigentliche Clou sind die Kellner: Es sind ausgebildete Sänger, die zum Abendessen Opernarien schmettern. Es gibt noch zwei weitere solcher Opernrestaurants in Madrid, das La Favorita ist jedoch das schönste. *Sa-Mittag und So geschl. | C/ Covarrubias 25 | Tel. 914483810 | www.restaurante-lafa vorita.com | Metro 1, 4, 5, 10 Alonso Martínez, Iglesia*

MARCO POLO HIGHLIGHTS

★ **El Espejo**
Charmanter lässt sich in Madrid kein Kaffee trinken → S. 57

★ **Sergi Arola**
Minimalistisches Interieur, maximaler Genuss → S. 60

★ **La Tasquita de Enfrente**
Edel essen im volkstümlichen Viertel Malasaña → S. 60

★ **Matritum**
Feine Tapas und elaborierte Hauptgerichte → S. 61

★ **Casa Mingo**
Hühnchen und *sidra* – Asturien in Madrid → S. 62

★ **Almendro 13**
Traditionelle Tapas in traditionellem Viertel → S. 63

RESTAURANTS €€

JULIÁN DE TOLOSA (118 B4) (🕮 E5)
Ein Klassiker in Madrids Restaurantstraße Cava Baja. Viel gerühmt vor allem für seine baskischen Fleischgerichte, doch es gibt auch Fischgerichte. *So-Abend geschl. | C/ Cava Baja 18 | Tel. 9 13 65 82 10 | www.casajuliandetolosa.com | Metro 5 La Latina*

LA TASQUITA DE ENFRENTE ★
(119 D1) (🕮 F4)
Diese kleine, 30 Jahre alte Taverne liegt zwar in einer etwas schmuddeligen Ecke von Malasaña, hat sich aber die Zuneigung der Madrider Gourmets erworben. Kreative spanische Küche und alles Frische vom Markt. *So/Mo geschl. | C/ Ballesta 6 | Tel. 9 15 32 54 49 | www.latasquita deenfrente.com | Metro 1, 3, 5 Gran Vía, Callao*

RESTAURANTS €€

EN BUSCA DEL TIEMPO
(119 D3) (🕮 F5)
Köstliche baskisch-katalanische Landküche, zum Teil direkt vom Grill. Auch beliebt: die gerösteten Brote mit gegrillter Schweinelende oder Pilzen und baskischem Käse. *Tgl. | C/ Barcelona 4 | Tel. 9 15 21 98 01 | www.restauranteeltiempo.com | Metro 1, 2, 3 Sol*

BOLÍVAR (123 F3) (🕮 F2)
Frische mediterrane Marktküche mitten in Malasaña. Die Karte ist wie das Lokal

GOURMETTEMPEL

Ramón Freixa Madrid (124 C3) (🕮 H2)
Im intimen Restaurant des Hotel Único zaubert Sternekoch Ramón Freixa eine aufwendige und überraschende spanische Hochküche. Im Sommer lockt eine kleine Außenterrasse. *Menü 75–110 Euro | So/Mo geschl. | C/ Claudio Coello 67 | Tel. 9 17 81 82 62 | www.ramonfreixa madrid.com | Metro 4 Serrano*

Sergi Arola ★ (124 B2) (🕮 G2)
Das Restaurant von Sergi Arola – zuvor jahrelang Chef des *La Broche* – hat aus dem Stand zwei Michelinsterne bekommen. Schickes, dabei gemütliches Interieur, kreative Küche der Extraklasse, mehr als 500 Weine, super Service. Teuer ist es, klar – aber jeden Cent wert. *Lunchmenü 50, Degustationsmenü 135 Euro | Sa-Mittag und So geschl. | C/ Zurbano 31 | Tel. 9 13 10 21 69 | www.sergiarola.es | Metro 1, 4 Bilbao*

Santceloni (124 C1) (🕮 H1)
Das Restaurant im Hotel Hesperia gilt als eines der besten Spaniens. Óscar Velasco setzt auf die perfekte Symbiose aus lokalen Traditionen und Kreativität. *Ab 150 Euro | Sa-Mittag und So geschl. | Paseo de la Castellana 57 | Tel. 9 12 10 88 40 | www.restaurante santceloni.com | Metro 7, 10 Gregorio Marañón*

La Terraza del Casino (124 A6) (🕮 F4)
Auf dem Dach des noblen Privatclubs nahe der Puerta del Sol ist das Reich von Paco Roncero. Der bodenständige Madrider kennt die Tricks seines Meisters Ferran Adriá, die Schäume und Sphären, und schafft es, Innovation und großen Genuss zusammenzubringen. *Ab 65 Euro | Sa-Mittag und So geschl. | C/ de Alcalá 15 | Tel. 9 15 32 12 75 | www.casinodemadrid.es | Metro 2 Sevilla*

Kühle Eleganz, dazu ein Schäumchen auf dem Teller: La Terraza del Casino

nicht besonders groß, dafür sind die Gerichte groß im Geschmack. Probieren Sie die Schweinelende in einer aromatischen Portweinreduktion oder die köstlichen *chipirones,* (Tintenfischchen)! *So geschl. | C/ Manuela Malasaña 28 | Tel. 9 14 45 12 74 | www.restaurantebolivar.com | Metro 1, 4 Bilbao*

LA COCINA DE SAN ANTÓN
(119 E1) (M G3)

Die Markthalle von Chueca ist eine Gastromeile auf mehreren Etagen. Ganz oben, mit schöner Terrasse über das Gayviertel, residiert das vom Spirituosenunternehmen Osborne geführte Restaurant. Das Design ist entspannt und gelungen. Es gibt Klassiker von *salmorejo* (eine Variante des Gazpacho) bis zur Tortilla. *Tgl. | Mercado de San Antón | C/ Augusto Figueroa 24 | Tel. 9 13 30 02 94 | www.lacocinadesananton.com | Metro 5 Chueca*

INSIDER TIPP ▶ CON DOS FOGONES
(123 E4) (M E3)

Kleines, bunt-gemütliches Restaurant mit unprätentiöser internationaler Küche. Sonntags bis donnerstags abends besonders günstiges Menü. Viele junge Leute. *Tgl. | C/ San Bernardino 9 | Tel. 9 15 59 63 26 | www.condosfogones. com | Metro 3, 10 Plaza de España*

EL INTI DE ORO (119 E3) (M F4)

Klassiker unter den Peruanern der Stadt. Spezialität ist *ceviche* (Meeresfrüchtesalat mit roh mariniertem Fisch). *Tgl. | C/ Ventura de la Vega 12 | Tel. 9 14 29 67 03 | www.intideoro.com | Metro 2 Sevilla*

ISLA DEL TESORO ☺ (123 F3) (M F2)

Die „Schatzinsel" ist Madrids vegetarisches Restaurant mit der phantasievollsten Einrichtung – und bietet auch noch gute Küche. *Tgl. | C/ Manuela Malasaña 3 | Tel. 9 15 93 14 40 | Metro 1, 4 Bilbao*

MATRITUM ★ (118 B4) (M E5)

Ein enges, meistens lärmend volles Restaurant, das trotzdem seine Eleganz bewahrt. Zu den originellen Kleinigkeiten zum Sattwerden können Sie unter 250 Weinen wählen. *Di-Mittag und Mo geschl. | C/ Cava Alta 16 | Tel. 9 13 65 82 37 | Metro 5 La Latina*

LA MUSA LATINA (118 B4) (*ﬄ E5*)

Das coolste Barrestaurant an der Plaza de la Paja, dem schönsten Platz in La Latina, ist originell eingerichtet. Serviert wird traditionell inspirierte, moderne Küche, dazu gibts Musik vom DJ. *Tgl. | Costanilla de San Andrés 12 | Tel. 91 354 02 55 | www.lamusalatina.com | Metro 5 La Latina*

www.marisqueriaribeiradomino.com | Metro 1, 10 Tribunal

BAZAAR (119 E1) (*ﬄ G4*)

Dieses junge, angesagte Restaurant im Szenestadtteil Chueca ist eingerichtet wie ein cooler Kolonialladen. Auf den Tisch

Das unkonventionelle Musa Latina: cooles Restaurant in der Altstadt

LE PETIT BISTROT (119 D4) (*ﬄ F5*)

Französische Küche, aber nicht überkandidelt, in entspanntem Ambiente in Huertas. Günstiges Mittagsmenü. *So/Mo geschl. | Plaza de Matute 5 | Tel. 91 429 62 65 | www.lepetitbistrot.net | Metro 1 Antón Martín*

INSIDER TIPP RIBEIRA DO MIÑO
(122 A4) (*ﬄ F3*)

Populäres galicisches Restaurant, meist brechend voll, berühmt für seine Meeresfrüchte. Bestellen Sie einfach eine *mariscada,* da können Sie von allem etwas probieren – und spüren den Atlantischen Ozean auf der Zunge. *Mo geschl. | C/ Santa Brígida 1 | Tel. 91 521 98 54 |*

kommt dazu passend internationale Küche. *Tgl. | C/ de la Libertad 21 | keine Reservierung | www.restaurantbazaar.com | Metro 5 Chueca*

CASA MINGO ⭐ (122 C4) (*ﬄ C3*)

Ein Klassiker seit 1917 – dabei gibt es (fast) nichts als Hühnchen und Salat und zum Trinken *sidra.* Bei gutem Wetter reiht sich auf der Straße Tisch an Tisch. *Tgl. | Paseo de la Florida 34 | keine Reservierung | Metro 6, 10 Príncipe Pío*

LA FINCA DE SUSANA (119 D3) (*ﬄ F4*)

Vor dem Restaurant bilden sich immer wieder Schlangen – kein Wunder: So gut, in so elegantem Rahmen, für so wenig Geld kann man in Madrid sonst wohl nirgendwo essen. Den günstigen Preis bezahlt man mit einem hektischen und drängenden Service. *Tgl. | C/ Arlabán 4 | keine Reservierung | www.lafinca-restaurant.com | Metro 2 Sevilla*

OJALÁ (123 F4) (*ⅠⅠ F3*)
Jugendliches Restaurant in Malasaña. Zwischen schreiend grünen Wänden gibts originelle Küche zu vernünftigen Preisen. Der Chill-out-Bereich im Keller ist mit feinem Sand ausgelegt. *Tgl. | C/ San Andrés 1 | Tel. 9 15 23 27 47 | www.grupolamusa.com | Metro 1, 10 Tribunal*

INSIDER TIPP ▸ PUBLIC (123 F5) (*ⅠⅠ F4*)
Schickes Restaurant im Szeneviertel Triball. Zur Kette gehören auch La Finca de Suzana und Bazaar. Wie dort hat man den Eindruck, dass der Tisch möglichst schnell wieder besetzt werden soll. Dennoch: Gute mediterrane Küche unter 10 Euro – das ist schon ein Wort. *Mo geschl. | C/ del Desengaño 11 | keine Reservierung | www.restaurantpublic.com | Metro 3, 5 Callao*

INSIDER TIPP ▸ SHAPLA (128 A2) (*ⅠⅠ F6*)
Probieren Sie die scharfe Küche im Shapla, dem beliebtesten Inder des *barrios* Lavapiés. Glücklich, wer einen freien Tisch unter den Bäumen erwischt. *Tgl. | C/ Lavapiés 42 | Tel. 9 15 28 15 99 | Metro 3 Lavapiés*

TAPAS

De tapas durch Madrid zu ziehen, das heißt Ruhe bewahren und sich nicht von den Menschenmengen vor dem Tresen und an den besetzten Tischen abschrecken lassen. Reservieren ist normalerweise nicht möglich – aber irgendwann kommt die Reihe doch an Sie. Eine Tapa ist eine kleinere Portion, die allein nicht ganz satt macht. Größere Portionen heißen *raciones*.

ALMENDRO 13 ★ (118 B4) (*ⅠⅠ E5*)
Ein Klassiker mit rustikaler spanischer Küche. Bestellt wird an der Durchreiche, wenn das Essen fertig ist, erklingt eine kleine Glocke. Der Laden ist häufig so rappelvoll, dass sich die Gäste draußen auf die Kühlerhauben der Autos setzen. *Tgl. | C/ Almendro 13 | Metro 5 La Latina*

INSIDER TIPP ▸ BAR AMOR
(123 F3) (*ⅠⅠ F2*)
Rustikale Steinwände und Blümchen sind für Malasana eher untypisch. Sehr

ZUSAMMEN ODER GETRENNT?

Das Essen war gut, der Kaffee hat die Lebensgeister geweckt – Zeit zu zahlen. *¡La cuenta, por favor!* Wer jetzt den Kellner mit der Aufschlüsselung der Rechnung belästigen will – „Ich hatte Menü Nummer drei, Pepito den *bacalao a la vizcaína*" –, der wird einen ziemlich ratlosen Blick ernten. Gezahlt wird in Spanien immer zusammen, und jeder trägt den gleichen Anteil dazu bei, unabhängig davon, ob er etwas mehr oder etwas weniger konsumiert hat als sein Sitznachbar. Ist jemand erst später dazugekommen und hat nur etwas getrunken, dann wird er selbstverständlich eingeladen. Und bei den kleineren Summen findet sich oft einer, der für die ganze Runde bezahlt. Nachahmenswert!

SPEZIALITÄTEN

▶ **albóndigas** – Hackfleischbällchen
▶ **boquerones fritos/en vinagre** – frittierte/eingelegte Sardellen
▶ **café solo/cortado/con leche** – Espresso/mit einem Schuss Milch/Milchkaffee
▶ **calamares** – Tintenfische
▶ **callos madrileños** – Kutteleintopf
▶ **caña** – kleines Glas Bier
▶ **cava** – spanischer Sekt
▶ **chipirones** – kleine Tintenfische
▶ **chorizo** – Paprikasalami (Foto li.)
▶ **churros** – frittierte Teigkringel, besonders beliebt *con chocolate*, mit heißer Schokolade (Foto re.)
▶ **clara** – Bier mit *gaseosa* (süßer Sprudel)
▶ **cochinillo** – Spanferkel
▶ **cocido madrileño** – Madrider Eintopf mit *chorizo, garbanzos* (Kichererbsen) und Gemüse
▶ **cordero (asado)** – (gebratenes) Lamm

▶ **croquetas** – Fisch-, Fleisch- oder Schinkenkroketten
▶ **ensaladilla** – Salat aus Kartoffeln, Gemüse und (meistens viel) Mayonnaise
▶ **gambas al ajillo/a la plancha** – Garnelen in Knoblauchsauce/auf einer heißen Metallplatte gegrillt
▶ **horchata** – süßes Erfrischungsgetränk aus Erdmandeln
▶ **jamón** – luftgetrockneter Schinken
▶ **mejillones** – Miesmuscheln
▶ **pulpo** – Krake
▶ **patatas bravas** – Bratkartoffeln mit scharfer Tomatensauce
▶ **pollo** – Hähnchen
▶ **queso** – Käse, meistens *manchego* (aus der Mancha)
▶ **tinto de verano** – „Sommerrotwein", halb Rotwein, halb *gaseosa* mit viel Eis
▶ **tortilla** – spanisches Kartoffelomelett

gute Tapas gibt es an der Bar oder auch im Restaurantbereich. Am Abend ist es schwer, einen Platz zu bekommen. *So/Mo geschl. | C/ Manuela Malasaña 22 | Tel. 915 94 48 29 | Metro 1, 4 Bilbao*

AUTOMÁTICO (119 E5) (*m* F6)
Die wohl populärste Kneipe und Tapabar auf der belebtesten Straße im Stadtteil

Lavapiés – im Sommer mit Tischen vor der Tür. Die *ensaladilla rusa,* ein Tapaklassiker, ist einer Umfrage zufolge die beste Madrids. *Mo–Do mittags geschl. | C/ Argumosa 17 | Metro 3 Lavapiés*

BOCAÍTO (119 E1) (*m* G4)
Der kleine Raum vor dem Tresen ist meist gedrängelt voll, denn hier werden die

klassischen kastilischen und andalusischen Tapas überdurchschnittlich gut zubereitet. *Sa-Mittag und So geschl. | C/ Libertad 6 | Metro 2, 5 Chueca, Banco de España*

CASA LABRA (123 F6) (⌂ F4)

Hinter der ersten Häuserreihe der Puerta del Sol liegt diese Tapabar mit ihrem typischen Madrider Charme. Am Eingang versorgt man sich mit *croquetas* und *bacalao,* also Kroketten und frittierten Kabeljaustücken, und am Tresen bestellt man sich das Getränk dazu. Übrigens: Hier wurde 1879 in aller Heimlichkeit die Sozialistische Partei Spaniens gegründet. *Tgl. | C/ Tetuán 12 | Tel. 9 15 31 00 81 | www.casalabra.es | Metro 1, 2, 3 Sol*

CAVA BAJA ● (118 B4) (⌂ E5)

In der Calle Cava Baja drängen sich die Traditionsrestaurants und Tapabars. In Nummer 30 lädt die *Casa Lucas* zu kreativen Tapas. Gute Alternativen in derselben Straße sind *La Taberna del Tempranillo* (Nr. 38), *Esteban* (Nr. 36), *La Chata* (Nr. 24) und *La Antonita* (Nr. 14). *Metro 5 La Latina*

CERVECERÍA CERVANTES
(119 E3) (⌂ G5)

Die traditionelle Tapabar im unteren Teil von Huertas ist sicher nicht die günstigste. Dafür sind der Oktopus auf galicische Art oder die *gambas* einfach köstlich. *So-Abend geschl. | Plaza de Jesús 7 | Metro 1, 2 Banco de España, Antón Martín*

ESTADO PURO (124 B6) (⌂ G5)

Das ist das Schöne an Madrid: Da macht Paco Roncero, einer der besten Köche der Stadt, gegenüber vom Prado eine schicke Tapabar auf, und dennoch halten sich die Preise im sozialen Rahmen. *So-Abend geschl. | Plaza Cánovas del Castillo 4 | Metro 2 Banco de España*

JUANA LA LOCA (118 B4) (⌂ E5)

Ein sicherer Hafen jeder Tapatour durch La Latina. Reichliche *pinchos-* (Spießchen-) und Tapaauswahl. *Tgl. | Plaza Puerta de Moros 4 | Metro 5 La Latina*

INSIDER TIPP ▶ MUI (119 D1) (⌂ F4)

Eine Café- und Tapabar in Triball für jede Tageszeit. Modern, angenehm und immer gut besucht. Hinten kann man den Köchen bei ihrer Arbeit zuschauen oder an Tischen Platz nehmen. *So/Mo geschl. | C/ Ballesta 4 | Metro 1, 5 Gran Vía*

LA VENECIA (128 A1) (⌂ F5)

Probieren Sie einen kühlen Manzanilla-Sherry; dazu passt *mojama,* luftgetrockneter Thunfisch. Trotz Touristenandrang hat das wunderbare Lokal überlebt. Der Staub auf den Flaschen ist ebenso echt wie die verrauchten Wände. *Mittags geschl. | C/ Echegaray 7 | Metro 2 Sevilla*

LOW BUDGET

▶ Wer mindestens einmal am Tag eine vollständige Mahlzeit zu sich nehmen will, der sollte das mit Blick auf den Geldbeutel am besten mittags und nichts abends tun. Fast alle Restaurants bieten montags bis freitags ein dreigängiges Mittagsmenü an.

▶ *Museo del Jamón* (www.museodeljamon.com) ist eine Ladenkette für spanische Schinken. Die Keulen baumeln denn auch zahlreich von der Decke. Am Tresen werden auch einfache *bocadillos* und Tapas zu günstigen Preisen gereicht. Zum Beispiel in der *Carrera de San Jerónimo 6* **(119 D3)** (⌂ *F4*) *(Metro 1, 2, 3 Sol).*

EINKAUFEN

CITY **WOHIN ZUERST?**

Die großen Läden von Zara und Co. an der **Gran Vía** und den Einkaufsstraßen Richtung Puerta del Sol steuern Sie am besten von der Plaza Callao (Metro 3, 5 Callao) aus an. Interessanter und individueller ist das Shoppen in **Chueca** und **Malasaña** nördlich der Gran Vía. Gehen Sie in die Modemeile **Calle de Fuencarral** (Metro 5 Gran Vía) und erkunden von dort aus die Szeneviertel. Bevorzugen Sie eine elegante Umgebung mit einem enormen Angebot von klassisch bis exklusiv, sind Sie im Salamancaviertel (Metro 4 Serrano) richtig.

Ja, Mode und Schuhe sind in Madrid tatsächlich immer noch ein wenig billiger zu haben als in Mittel- und Nordeuropa. Aber es ist kein Problem, sein Geld mit vollen Händen auszugeben – spanische und internationale Designer warten auf Sie mit Metropolenpreisen, Edelboutiquen verkaufen wenig Stoff für viele Euros. Einkaufen ist eine Wonne in Madrid. Wer, um zu sparen, nicht gleich Mode aus zweiter Hand auf dem Sonntagsflohmarkt Rastro suchen will, mag die *rebajas* (Schlussverkäufe) im Januar/Februar und Juni/Juli ausnutzen. Traditionelle Geschäfte öffnen montags bis freitags zwischen 10 und 14 und dann wieder von 17 bis 20 Uhr sowie am Samstagvormittag. Kaufhäuser und Ketten verzichten auf die lange Mittagspause und schließen auch

Einkaufsparadies Madrid: feilschen auf dem Flohmarkt und flanieren in der Modemeile Calle de Fuencarral

erst am Samstagabend. Sonntags dürfen Buch- und Plattenläden sowie kleine Geschäfte mit begrenzter Auswahl öffnen. Für alle anderen legt die Regionalregierung jeweils zu Jahresbeginn 20 verkaufsoffene Sonntage fest, darunter gewöhnlich sämtliche August- und Dezembersonntage.

Die wichtigsten Einkaufsstraßen der Innenstadt sind die *Calle de Preciados* und die *Calle Carmen* zwischen Puerta del Sol und Plaza Callao – eine Fußgängerzone ohne besonderen Charme, aber mit gro-

ßem Angebot an Mode und Waren des täglichen Bedarfs zu vernünftigen Preisen. Nördlich davon hat sich die *Gran Vía* zwischen Plaza España und Red de San Luis trotz dröhnenden Verkehrs zur belebten Einkaufsmeile entwickelt.

Die *barrios* Malasaña und Chueca sind das Herz der jungen Mode. Zwischen den beiden Stadtvierteln verläuft die ★ *Calle de Fuencarral.* Die einstmals düstere, heruntergekommene Straße wurde zur hippsten Modemeile der Stadt – ein bisschen London in Madrid. Für kreative Modemacher oder Ladenbesitzer, die keinen Konzern im Rücken haben, sind die Mieten in der Calle Fuencarral unerschwinglich. Sie haben die Gegend rund um die Calle Ballesta entdeckt. INSIDER TIPP Triball heißt dieses derzeit progressivste Altstadtviertel.

Im französischen Medienmulti Fnac stöbern Sie auf vier Etagen

Auf der anderen Seite der Stadt, im noblen Salamanca zieht die ⭐ *Calle Serrano* die Blicke auf sich. Frisch renoviert und verkehrsberuhigt, lässt es sich dort nun besonders angenehm einkaufen.

DESNIVEL (119 D4) (*ŵ F5*)
Planen Sie eine Radtour, eine Wanderung in der nahen Sierra de Guadarrama? Hier finden Sie Bücher, Karten, Klet-

termaterial und kundiges Personal. *Plaza Matute 6 | Metro 1 Antón Martín*

EL FLAMENCO VIVE ⭐
(118 B3) (*ŵ E4*)
Der spanische Laden mit dem ausführlichsten Angebot an Flamencoplatten, -literatur, -gitarren und -kostümen. Stöbern und bestellen auch im Internet unter *www.elflamencovive.es. C/ Conde de Lemos 7 | Metro 2, 5 Ópera*

FNAC (118 C2) (*ŵ F4*)
Die französische Medienkaufhauskette bietet auf vier Etagen eine großartige Auswahl an Büchern, CDs, Computer- und Fotozubehör sowie Filmen. *C/ Preciados 28 | www.fnac.es | Metro 3, 5 Callao*

LA LIBRERÍA (118 A3) (*ŵ E5*)
Seit 1986 spezialisiert auf Madridliteratur. *C/ Mayor 80 | www.edicioneslalibreria. com | Metro 2, 5 Ópera*

MUSICAL ÓPERA (118 B2) (*ŵ E4*)
Madrids bedeutendste Adresse für alte und klassische Musik: CDs, Literatur und Instrumente. *C/ Carlos III 1 (direkt neben dem Teatro Real) | www.musicalopera. es | Metro 2, 5 Ópera*

ANTIGUA PASTELERÍA DEL POZO
(119 D3) (*ŵ F4*)
Eine Zeitreise: Die 1830 gegründete Bäckerei ist die älteste Madrids. *C/ Pozo 8 | Metro 1, 2, 3 Sol*

CACAO SAMPAKA (124 B4) (*ŵ G3*)
Ein Fest der Sinne für alle Schokoladengenießer: die feinsten, hausgemachten Spezialitäten zum Mitnehmen oder zum Probieren an Ort und Stelle. *C/ Orellana 4 | www.cacaosampaka.com | Metro 4, 5, 10 Alonso Martínez*

CASA MIRA (119 E3) *(Ø F4)*

Hier kaufen die Madrider Marzipan und die Weihnachtsspezialität *turrón*. *Carrera San Jerónimo 30 | Metro 2 Sevilla*

GÓNDIAZ (118 A1) *(Ø E4)*

In dem kleinen Laden in der Nähe des Königspalasts hängt der beste Schinken Spaniens, in gedämpftes Licht getaucht, von der Decke. Bestellungen sind auch online möglich: *www.gondiaz.es. Plaza Marina Española 7 | Metro 2 Santo Domingo*

INSIDER TIPP **EL JARDÍN DEL CONVENTO** (118 B3) *(Ø E5)*

Marmeladen, Honige und süße Kleinigkeiten aus spanischen Klöstern bekommen Sie in diesem kleinen, romantischen Laden bei der Plaza de la Villa. *C/ del Cordón 1 | Metro 2, 5 Ópera*

LAVINIA (125 D3) *(Ø H2)*

Ein Universum der Weine: rund 4500 Positionen spanischer und internationaler Weine, dazu *cavas*, Brandys und Raritäten. Im Gourmetclub kann man ein Häppchen essen und sich dazu eine Flasche zum Ladenpreis öffnen lassen. *C/ Ortega y Gasset 16 | www.lavinia.es | Metro 5, 9 Núñez de Balboa*

PATRIMONIO COMUNAL OLIVARERO 😊 (124 A4) *(Ø G3)*

Um die 150 Olivenölsorten der besten Qualität *virgen extra* sind in den Regalen aufgereiht wie anderswo Wein. Bestellen kann man auch unter *www.pco. es. C/ de Mejía Lequerica 1 | Metro 4, 5, 10 Alonso Martínez*

FLOHMARKT

RASTRO ⭐ ● (118 C5) *(Ø E5–6)*

Ein wirklich schreckliches Menschengewimmel erfüllt am Sonntagvormittag die Straßen rund um die Plaza Cascorro. Der Besuch des Rastros gehört zur Sonntagsroutine vieler Madrider wie für andere der Kirchgang. An die 80 000 Menschen zwängen sich an den 1300 Ständen vorbei. Die meisten suchen nichts Bestimmtes – und kaufen doch immer irgendetwas. Außergewöhnliche Entdeckungen gibt es kaum zu machen. Aber der Rastrobesuch ist eine gute Ausrede, um sich hinterher bei Wein und Tapas in einer der vielen Bars der Gegend zu treffen.

Von der Plaza Cascorro geht es die Ribera de Curtidores hinunter und verästelt sich dann hinein in die Nebenstraßen: echte Antiquitäten neben schlecht kopierten Gemälden, verrostete Schlüssel neben billigen Schuhen, fabrikneue T-Shirts neben illegal gepressten CDs und DVDs. Feilschen ist erlaubt. Aber: höchs-

---

⭐ **El Flamenco Vive**
Der spanische Flamencohimmel
→ S. 68

⭐ **Rastro**
Madrids überbordender
Flohmarkt → S. 69

⭐ **Casa de Diego**
Fächeln wie die Spanier
→ S. 71

⭐ **Mercado de San Miguel**
Alter, schöner Markt in der
Altstadt → S. 73

⭐ **Calle de Fuencarral**
Die coolste Einkaufsstraße
Madrids → S. 67

⭐ **Calle Serrano**
Hinter jeder Tür ein Modedesigner → S. 68

MARCO POLO HIGHLIGHTS

te Vorsicht vor Taschendieben, besonders minderjährigen! *Metro 1, 5 Tirso de Molina, La Latina, Puerta de Toledo*

KAUFHÄUSER & EINKAUFSZENTREN

Wenn Sie nicht wissen, wo Sie eine bestimmte Sache bekommen, dann lohnt es sich fast immer, im *Corte Inglés* vorbeizuschauen, der einzigen spanischen Kaufhauskette. Die beiden Innenstadthäuser: (118 C2) *(Ø F4) C/ Preciados 3 | Metro 1, 2, 3 Sol; Plaza de Callao 1 | Metro 3, 5 Callao.*

LOW BUDGET

▶ Mögen Sie Schuhe von Camper? In Madrid sind sie deutlich günstiger als in Deutschland. Sie finden sie u. a. hier: *Gran Vía 54* **(118 C1)** *(Ø E4) Metro 3, 5 Callao; C/ de Fuencarral 42* **(124 A4)** *(Ø F3) Metro 1, 5 Gran Vía; C/ de Serrano 24* **(124 C4)** *(Ø H3) Metro 4 Serrano*

▶ *Las Rozas Village* **(0)** *(Ø 0)* lockt mit gut 100 Markenboutiquen. Eine eigene Busverbindung fährt ab Plaza de España in das Outletzentrum im Norden der Stadt. Weitere Infos unter *www.lasrozasvillage.com/shoppingexpress.*

▶ Warum ins Feinkostgeschäft, wenn man ökologische, regionale Spezialitäten auch direkt vom Hersteller kaufen kann? Jeden ersten Samstag im Monat findet in der Casa de Campo ein ⊙ *Ökomarkt* **(122 A6)** *(Ø B4) (Paseo Puerta del Ángel 4 | Metro 10 Lago)* statt.

Gut erreichbare Einkaufszentren sind das *Centro Comercial La Esquina del Bernabéu* (121 D3) *(Ø 0) (Metro 10 Santiago Bernabéu)* an der Rückseite des Real-Madrid-Stadions und das *ABC Serrano* (124 C3) *(Ø H2) (C/ de Serrano 61 | Metro 4 Serrano)* mit rund 80 Geschäften. Klein und fein mit edlen Boutiquen ist *El Jardín de Serrano* (124 C4) *(Ø H2) (C/ de Goya 6–8 | Metro 4 Serrano)*, groß dagegen das ● *Centro Comercial Príncipe Pío* (122 C5) *(Ø D4) (Metro 6, 10 Príncipe Pío)* im gleichnamigen Bahnhof unterhalb des Königspalasts mit rund 100 Shops, Restaurants und Kinos.

KUNSTGALERIEN

Die Kunst des 20. Jhs. hat eher einen Bogen um Madrid gemacht. Picasso, Dalí und Buñuel studierten zwar zeitweise in der Stadt, doch mit Zentren wie Paris, New York oder Berlin konnte die spanische Hauptstadt nie konkurrieren. Der Bürgerkrieg und die repressive Kulturpolitik Francos taten ein Übriges. Erst mit der *movida* in den Achtzigerjahren erwachte die Szene. Mit dabei waren die

Im U-Bahnhof Príncipe Pío können Sie im Centro Comercial die Wirtschaft ankurbeln

Galeristinnen Soledad Lorenzo, Elvira Gonzales, Helga de Alvear und Juana de Aizpuru, die auch heute noch spannende Künstler vorstellen.

LA FÁBRICA (119 F4) (*G5*)
Die Galerie ist spezialisiert auf Fotografie und organisiert das Festival Photo España. *C/ Alameda 9 | Metro 1 Atocha*

GALERÍA HELGA DE ALVEAR
(119 E5–6) (*G6*)
Die Galeristin vertritt renommierte Künstler der Gegenwart wie Jean-Marc Bustamente und viele Deutsche wie Katharina Grosse, Axel Hütte und Imi Knoebel. *C/ Doctor Fourquet 12 | Metro 1 Atocha*

GALERÍA JUANA DE AIZPURU
(124 B4) (*G3*)
Die Galerie hat die Kunstszene der jungen Demokratie ab den Achtzigerjahren geprägt. Spanische Künstler und Fotografen wie Alberto García Alix und Cristina García Rodero, Pierre Gonnord, Wolfgang Tillmans, Concept-Art von Art und Language etc. *C/ Barquillo 44 | Metro 5 Chueca*

GALERÍA MAX ESTRELLA
(124 B4) (*G3*)
In der Hinterhofgalerie in Chueca werden häufig konzeptionelle Arbeiten und Fotografie gezeigt, etwa von Duane Michaels oder Daniel Canogar. *C/ de Santo Tomé 6 | Metro 5 Chueca*

KUNSTHANDWERK & TYPISCH SPANISCHES

ANTIGUA CASA TALAVERA
(118 B1) (*E4*)
Die Großeltern des heutigen Besitzers Fernando Sánchez gründeten das Geschäft 1903, und genau wie sie verkauft er immer noch ausschließlich handgemachte Ware aus den spanischen Zentren der Keramikherstellung wie Talavera de la Reina oder Granada. *C/ Isabel la Católica 2 | Metro 2 Santo Domingo*

CASA DE DIEGO ⭐ (119 D2) (*F4*)
„Mañana lloverá" steht neben den Eingangstüren: Morgen wirds regnen. Die Casa de Diego verkauft seit 1858 Regenschirme und Spazierstöcke, aber auch kunstvolle Fächer aus eigener Produkti-

on. *Puerta del Sol 12 | www.casadediego. net | Metro 1, 2, 3 Sol*

CASA JIMÉNEZ (118 C2) (⊞ F4)
Hier kaufen traditionsbewusste Madriderinnen *mantones* (fransenbesetzte Schultertücher) und *mantillas* (den Kopf bedeckende Spitzenüberwürfe). *C/ Preciados 42 | Metro 3, 5 Callao*

wohlhabenden Spaniern immer noch gefragt. Nirgendwo gibt es bessere als hier. *C/ Cruz 23 | www.sesena.com | Metro 1, 2, 3 Sol*

TIENDA BERNABÉU (121 D3) (⊞ 0)
Im Fanshop von Real Madrid an der Ostseite des Stadions findet sich alles, was sich mit dem Clubemblem bedrucken

Ob Flamenco, Pop oder Klassik: Die Gitarren von Ramírez sind landesweit ein Begriff

JOSÉ RAMÍREZ (118 C3) (⊞ F5)
Ende des 19. Jhs. begann der Gitarrenbauer José Ramírez seine eigene Werkstatt aufzubauen, die heute von seiner Urenkelin Amalia Ramírez in vierter Generation weitergeführt wird. Die besten Gitarristen Spaniens kaufen hier ihre Instrumente. *C/ de la Paz 8 | www.guitarras ramirez.com | Metro 1, 2, 3 Sol*

SESEÑA (119 D3) (⊞ F4)
Capas (Capes), ein klassisches spanisches Kleidungsstück, sind ärmellose Mäntel für Männer und Frauen, eigentlich längst aus der Mode und doch bei manchen

lässt. Einen weiteren Shop gibt es bei der Puerta del Sol *(C/ Carmen 3)*. *C/ Padre Damián 3 | Puerta 55 | Metro 10 Santiago Bernabéu*

MARKTHALLEN

INSIDER TIPP MERCADO SAN ANTÓN (119 E1) (⊞ G3)
Dass eine Markthalle auch ein Ort des Genießens sein kann, beweist die neue Markthalle von Chueca. Ganz unten ist eine klassische Markthalle, darüber folgt eine Ebene mit allerlei Ständen für Tapas, Crêpes, Hamburger usw. und darüber

das Restaurant *La Cocina de San Antón. C/ Augusto Figueroa 24 | www.mercado sananton.com | Metro 5 Chueca*

MERCADO DE SAN MIGUEL ★
(118 B3) (*🗺 E4–5*)
Die schönste Markthalle der Stadt ist zu einem echten Gourmettreff geworden. In der historischen Stahlkonstruktion von 1916 finden sich neben gut sortierten Obst-, Käse und Fischständen eine Sherrybar, ein Café mit köstlichen Teilchen oder ein Fachgeschäft für *bacalao* (Stockfisch) aus nachhaltiger Fischzucht. *So–Mi 10–24, Do–Sa 10–2 Uhr | Plaza de San Miguel | www.mercadodesanmiguel.es | Metro 2, 5 Ópera*

MODE, SCHMUCK & ACCESSOIRES

AMAYA ARZUAGA (124 A5) (*🗺 F3*)
Haute Couture aus Madrid: sexy und provokante Mode, Schuhe und Accessoires für all jene, die es sich leisten und tragen können. *C/ Valverde 33 | www.amaya arzuaga.com | Metro 1, 5 Gran Vía*

CUSTO (124 A4) (*🗺 F3*)
Die Mode des Stardesigners aus Barcelona – bunt und glamourös und hier INSIDER TIPP günstiger als im Ausland. *C/ de Fuencarral 29 | www.custobarcelona.com | Metro 5 Chueca*

ADOLFO DOMÍNGUEZ (124 A5) (*🗺 F4*)
Der weltweit etablierte spanische Modemacher liebt es dezent und eher klassisch minimalistisch. *C/ de Fuencarral 5 | www.adolfodominguez.com | Metro 5 Gran Vía*

PURIFICACIÓN GARCÍA
(124 C4) (*🗺 H3*)
Schlicht und dennoch elegant: Purificación García macht tragbare und edle Mode für Männer und Frauen. *C/ de Serrano 28 | www.purificaciongarcia.com | Metro 4 Serrano*

ISOLÉE (124 B5) (*🗺 G4*)
Cooler Shop in Chueca: Mode, Kosmetik, Delikatessen und ein Café. *C/ Infantas 19 | www.isolee.com | Metro 2 Banco de España*

LOEWE (124 C4) (*🗺 H3*)
Edel, klassisch und sehr teuer. Loewe hat die wohl exklusivsten spanischen Handtaschen und Lederwaren. *C/ de Serrano 26 und 34 | www.loewe.com | Metro 4 Serrano*

AGATHA RUIZ DE LA PRADA
(124 C4) (*🗺 H3*)
Die vielleicht bekannteste Modedesignerin aus Madrid mag bonbonbunte Dessins. Die stehen auch Kindern gut. *C/ de Serrano 27 | www.agatharuizdelaprada.com | Metro 4 Serrano*

ÁNGEL SCHLESSER (124 C3) (*🗺 H2*)
Mittlerweile schon ein Klassiker unter den spanischen Modemachern. Auch Schmuck und Parfum. *C/ de Don Ramón de la Cruz 2 | www.angelschlesser.com | Metro 4 Serrano*

SPÄT EINKAUFEN

OPEN25 (118 B2) (*🗺 E4*)
Die Läden dieser Kette sind 24 Stunden an allen Tagen des Jahres geöffnet. In der Innenstadt z. B.: *C/ Arenal 28 | Metro 2, 5 Ópera*

VIPS (118 C1) (*🗺 E4*)
Hier bekommen Sie Presse, Bücher, DVDs, CDs und Lebensmittel bis 3 Uhr morgens. Die Cafeteria ist zu jeder Tageszeit beliebt und eine Option für den späten Hunger. In der Innenstadt z. B.: *Gran Vía 43 | Metro 3, 5 Callao*

AM ABEND

Beginnen Sie Ihren Abend an der **Plaza de Santa Ana** (Metro 2 Sevilla) mit ihren *terrazas*. Danach können Sie durch **Huertas** mit seinen Tapa- und Musikbars ziehen. Mögen Sie es klassischer, beginnen Sie den Abend mit einem Aperitif auf der **Plaza Mayor** (Metro 1, 2, 3 Sol). Danach spazieren Sie zur **Cava Baja**, wo Sie so viele Tapa- und Weinlokale finden, dass es schade wäre, nur an einem Ort zu bleiben. Junge Madridbesucher fühlen sich in **Malasaña** wohl. Start- und Orientierungspunkt ist die **Plaza San Ildefonso** (Metro 1, 10 Tribunal).

Wann schlafen die eigentlich? Auf der Gran Vía stauen sich die Autos und in der Calle Huertas die Menschen – morgens um drei. Von Donnerstagabend bis Sonntagmorgen ist die Stadt ununterbrochen in Bewegung, auf der Suche nach *marcha*.

Wörtlich übersetzt heißt das Marsch, gemeint ist: nur kein Stillstand. *¿A dónde vamos ahora?* – wohin gehen wir jetzt? – ist die x-mal wiederholte Frage im Lauf der Nacht. Am liebsten verabreden sich die Madrider in großen Gruppen. Sie wollen sich amüsieren, wollen lachen, trinken, rauchen, tanzen. Und wenn es geht auch flirten – *salir para ligar* – ausgehen, um anzubändeln.

Wenn Spanier von Bars reden, meinen sie Tapabars oder Cafés. Bars oder Knei-

Die Nacht ein Fest: Abends hält es niemanden zu Hause – Madrids Nachtschwärmer brauchen *marcha*

pen im deutschen Sprachsinn werden eher Pubs genannt (was bei den Spaniern wie *paffs* klingt). In vielen Pubs wird auch getanzt. Von einer *discoteca* sprechen die meisten erst, wenns Eintritt kostet. Um der eigenen Sprachverwirrung zu entgehen, hat sich ein Oberbegriff für alle angesagten Läden eingebürgert: *sitio de marcha* – ein Ort, wo was los ist. Nichts leichter, als sich dem Treiben anzuschließen. Wer in der Innenstadt übernachtet, muss nur aus dem Hotel treten und ist schon mitten drin.

Jedes Viertel hat sein abendliches Nervenzentrum: die Plaza de Santa Ana in Huertas, die Calle Argumosa in Lavapiés, die Plaza Humilladero in La Latina, die Plazas Dos de Mayo und San Ildefonso in Malasaña, die Plaza Chueca in Chueca. Die heißen Sommernächte verbringen die Madrider am liebsten auf der Straße in den *terrazas* genannten Freiluftbars. Sie feiern das Leben, sie genießen, dass es ihnen gut geht – von der Müdigkeit einmal abgesehen. In Wirklichkeit brauchen nämlich auch die Madrider Schlaf.

Das Madrider Kultfrühstück: *churros con chocolate* in der Chocolatería San Ginés

BARS & PUBS

CAFÉ GALDÓS (119 E2) (*M* *G4*)
Einst Traditionscafé, nun ein Treffpunkt der Intellektuellenszene. Entspannte Musik für entspannte Gespräche, Tapas, Ausstellungen und hin und wieder Kurzfilme. *Mo–Sa 12–2.30 Uhr | C/ los Madrazo 10 | www.cafegaldos.com | Metro 2 Sevilla*

CASA PUEBLO (119 E3) (*M* *F5*)
Eine liebevoll eingerichtete Bar, die direkt aus den 1920er-Jahren in die Gegenwart gereist zu sein scheint. Ein Klavier steht für Livemusik bereit, doch meistens läuft Jazz aus der Konserve. *Di–So 19–2 Uhr | C/ León 3 | Metro 1 Antón Martín*

CHOCOLATERÍA SAN GINÉS ★ ●
(118 C3) (*M* *E4*)
Ein nächtliches Ritual: erst tanzen gehen und dann am frühen Morgen hier mit *churros con chocolate* den Magen stimulieren. 1895 gegründet. *Mo/Di 18–7, Mi–So 10–7 Uhr | Pasadizo San Ginés 5 | Metro 1, 2, 3 Sol*

COCK (119 E2) (*M* *F4*)
Ein großer Saal, der leicht verstaubte Eleganz ausstrahlt und in dem sich ein erwachsenes Publikum nicht an schnöden Kellnern stört. Das ist Teil der Coolness dieses Orts. *Tgl. 20–3 Uhr | C/ Reina 16 | Metro 1, 5 Gran Vía*

COSTELLO (119 D2) (*M* *F4*)
Angenehm gestylter Laden für die Schönen des Abends und der Nacht. Die „White Lounge" lädt zum Entspannen ein, auf der Bühne im Keller gibts Livemusik. *So–Di 20–3, Do–Sa 18–3.30 Uhr | C/ Caballero de Gracia 10 | www.costello club.com | Metro 1, 5 Gran Vía*

INSIDER TIPP JOSEALFREDO
(118 C1) (*M* *E4*)
Cocktailbar, deren düsterer Charme sich nicht gleich jedem auftut – aber ab Mit-

ternacht ist sie gerammelt voll. *Di–Sa 18–2.30 Uhr | C/ de Silva 22 | Metro 3, 5 Callao*

LARIOS CAFÉ (118 B1) (*𝄞 E4*)

Die Leute – und das Ambiente – sind mindestens so cool wie in New York. Im Untergeschoss tanzen sie. Für den späten Hunger wird im Restaurantbereich (€€) INSIDER TIPP bis 2.30 Uhr serviert. *So–Do 21–3, Fr/Sa 21–6 Uhr | C/ de Silva 4 | www.larioscafe.com | Metro 2 Santo Domingo*

INSIDER TIPP BAR MARTÍNEZ
(119 D1) (*𝄞 F4*)

Obwohl die Bar im Rücken des Telefónica-Hochhauses ziemlich neu ist, strahlt sie viel Atmosphäre aus. Altes Mobiliar, eine Holztheke und zig Sorten Gin sind ein guter Mix. An Sonntagen wird gebruncht. *Mo–Sa 17–2.30, So 13–1.30 Uhr | C/ del Barco 4 | Metro 1, 5 Gran Vía*

1862 DRY BAR (123 F4) (*𝄞 F3*)

1862 soll das erste Buch über Cocktails erschienen sein – daher der Name der neuen, schicken Bar im sogenannten Soho von Madrid, in Triball. *Mo–Sa 15–2, So 15–22 Uhr | C/ del Pez 27 | Metro 2, 10 Noviciado*

MUSEO CHICOTE (119 E2) (*𝄞 F4*)

Keine Frage, das Chicote ist die berühmteste Cocktailbar der Stadt. Es gibt wohl nur wenige prominente Madridbesucher, die nicht da waren. Die Einrichtung stammt aus den 1930er-Jahren. Der Hauscocktail aus Wermut, Gin und Curaçao-Orange ist eine gute Wahl. *Mo–Sa ab 17 Uhr | Gran Vía 12 | www.museo-chicote.com | Metro 5 Gran Vía*

THE ROOF ● (119 D3) (*𝄞 F5*)

Es ist Sommer, es ist Abend, das Leben ist schön. Gönnen Sie sich einen Drink auf der Dachterrasse des ME Hotels an der Plaza de Santa Ana. Ja, es ist ein eitler und teurer Ort. Aber was solls – wer weiß, wann man wieder unter dem Himmel und über den Dächern von Madrid sitzen wird. *So–Do 20–2, Fr/Sa 20–3.30 Uhr | Plaza de Santa Ana 14 | Metro 1, 2, 3 Sol*

LA RECOBA (119 D4) (*𝄞 F5*)

Eine kuriose Restaurantkneipe am Rand von Lavapiés. Wen er mag, dem singt der Wirt einen Tango. Pizza bis morgens um 3. *Fr–Mi 19–3 Uhr | C/ Magdalena 27 | Metro 1 Antón Martín*

CLUBS

BUT (124 A4) (*𝄞 F3*)

In dem Gebäude aus den 1930er-Jahren, wo ehemals das Pachá residierte und das demnächst Teatro Barceló heißen soll, wird Fr und Sa Indiepop aus alten Tagen gespielt, im *Ocho y Medio Club (www.*

---

ochoymedioclub.com) manchmal auch allerlei Elektronisches. *Tgl. 24–4 Uhr | Eintritt ab 12 Euro | C/ Barceló 11 | www.but madrid.com | Metro 1, 10 Tribunal*

LA CARTUJA (119 D3) (*M F4*)

Ein unprätentiöser Laden für ein unprätentiöses Publikum, das ohne Pause vor

23.30–6 Uhr | Eintritt ab 10 Euro | C/ de Arenal 11 | www.joy-eslava.com | Metro 1, 2, 3 Sol

EL SOL (119 D2) (*M F4*)

Madrids berühmteste Rockdiskothek und -bühne, Überlebende der *movida* der Achtzigerjahre. *Di–Sa 22.30–5.30 Uhr |*

Ein Madrider Diskoklassiker mitten im Zentrum ist das Joy

allem zu Latinohits tanzt. *Mi–Sa 23–5.30 Uhr | Eintritt 8 Euro | C/ Cruz 10 | Metro 1, 2, 3 Sol, Sevilla*

FRÜHCLUBS & AFTERHOURS

Afterhours heißen in Spanien einfach *afters* und sind illegal. Trotzdem gibt es in Madrid Dutzende von ihnen. Sie wechseln immer wieder Namen und Ort. Das sorgt dafür, dass wirklich nur Tanzfreaks Bescheid wissen.

JOY (118 C2) (*M F4*)

Ein Klassiker in Madrids Nightlife. Die Schönen der Nacht (und die, die es gerne wären) tanzen im alten Theater Eslava zu frenetischen Rhythmen. *Tgl.*

Eintritt ab 8 Euro | C/ Jardines 3 | www.el solmad.com | Metro 1, 5 Gran Vía

TROPICAL HOUSE (118 C1) (*M E4*)

Eine der größten Salsadiskotheken Madrids. Das vorwiegend lateinamerikanische Publikum ist angezogen, als käme es von einer Hochzeit. *Fr/Sa 24–6 Uhr | Eintritt 8 Euro | Plaza de los Mostenses 11 | www.tropicalhouse.es | Metro 3, 10 Plaza de España*

FLAMENCO

CANDELA (119 D4) (*M F5*)

Etwas düstere Bar in Lavapiés, Treffpunkt der Flamencokünstler und ihrer Fans. *Tgl.*

23–5.30 Uhr | Eintritt frei | C/ del Olmo 2 | Metro 1 Antón Martín

INSIDER TIPP LAS CARBONERAS

(118 B3) (𝄞 E5)

In diesem *tablao* wird die Tradition der *cafés de cantantes* weitergelebt. Mit den „Gesangscafés" wurde die Flamencokunst im ausgehenden 19. Jh. populär. Das moderne Interieur setzt sich von den üblichen Touristen-*tablaos* ab. Das gilt auch für das Programm, zumindest am Wochenende. Dann treten Größen wie Jorge Pardo und Rafael Amargo auf. *Essen/Vorstellung 19.30/20.30, 21.45/22.30, Fr/Sa 19.30/20.30 und 22/23 Uhr | Menü und Show ab 65 Euro | Plazuela del Conde de Miranda 1 | Tel. 915 42 86 77 | www. tablaolascarboneras.com | Metro 2, 5 Ópera*

CASA PATAS ⭐ (119 D4) (𝄞 F5)

Populäres Restaurant, in dessen Hinterzimmer an sechs Abenden die Woche purer Flamenco live gegeben wird. Immer noch *das* Madrider Flamencolokal. Karten kosten um 35 Euro und sollten zwei Tage im Voraus reserviert werden. *Programm Mo–Do 22.30, Fr/Sa 21 und 24 Uhr | C/ Cañizares 10 | Tel. 913 69 04 96 | www.casapatas.com | Metro 1 Antón Martín*

CORRAL DE LA MORERÍA

(118 A4) (𝄞 D5)

Madrids ältestester *tablao* (seit 1956), nahe den Jardines de las Vistillas. Reservieren! *Aufführung um 21 und 23 Uhr, wenn mit Essen gebucht jeweils 1 Std. früher | Eintritt ab 40 Euro | C/ Morería 17 | Tel. 913 65 84 46 | www.corraldelamoreria.com | Metro 5 La Latina*

LAS TABLAS (118 A1) (𝄞 D3)

2003 von zwei jungen Flamencotänzerinnen gegründet, ist diese Bühne INSIDER TIPP weniger touristisch als die meisten der alteingesessenen *tablaos*. *Mo–Mi Aufführung 22, Do–So 20 und 22 Uhr | Eintritt 27 Euro | Plaza de España 9 | Tel. 915 42 05 20 | www.lastablasmadrid.com | Metro 3, 10 Plaza de España*

KINO

Madrid ist eine Kinostadt. An einem einzigen Abend haben Sie die Wahl zwischen etwa 70 Filmen. Das komplette Programm finden Sie in den Tageszeitungen, der Eintritt kostet etwa 7 Euro. Üblicherweise laufen Filme in spanisch synchronisierter Fassung, doch bietet Madrid auch ein großes Angebot an Kinos, die sich aufs Original mit Untertiteln spezialisiert haben.

ENTSPANNEN & GENIESSEN

● Das arabische Bad *Medina Mayrit* **(118 C3) (𝄞 F5)** *(Einlass alle 2 Std. tgl. 10–24 Uhr nur mit Reservierung | Bad mit Massage ab 43 Euro | C/ de Atocha 14 | Tel. 914 29 90 20 | www.medinamayrit. com | Metro 1, 2, 3 Sol, Tirso de Molina)* lädt zu einer Zeitreise in die maurische Epoche Spaniens ein. Im Heißwasserbecken unter steinernen Bögen, in warmen Orangetönen bemalt, lassen sich Lärm und schlechte Luft für anderthalb Stunden vergessen. Die Entspannung ist komplett, wenn Sie sich am Beckenrand 15 Minuten professionell massieren lassen.

Eine sichere Adresse für Freunde (nicht nur) des Jazz ist das Café Central

CINE CAPITOL ● (118 C1) (🕮 E4)

Die große Zeit der Gran Vía mit ihren Kinos, hier lebt sie noch. Saal 1 mit seinen 1350 Sitzen ist ein Opernhaus des Films. *Gran Vía 41 | Metro 3, 5 Callao*

PLAZA DE LOS CUBOS (123 E4) (🕮 E3)

Der Name hat sich für einen kleinen Platz in der Nähe der Plaza de España eingebürgert. Dort bieten vier Kinos mit insgesamt 20 Sälen internationale Filme mit spanischen Untertiteln. Direkt am Platz das *Princesa,* im Durchgang zur Calle Martín de los Heros das *Renoir Princesa,* in der Straße Martín de los Heros das *Golem* (Nr. 14) und das *Renoir Plaza España* (Nr. 12). *Metro 3, 10 Plaza de España*

KULTURZENTREN

LA CASA ENCENDIDA (119 D6) (🕮 F6)

Das „Erleuchtete Haus" wurde vor 100 Jahren als modernistisches Bankgebäu-de errichtet, sieht aber eher aus wie eine Fabrik. Nach jahrelangem Leerstand ist es nun eine Kulturfabrik mit Ausstellungen, Kino, Theater, Lesungen und Konzerten. *Tgl. 10–22 Uhr | Ronda de Valencia 2 | www.lacasaencendida.es | Metro 3 Embajadores*

CÍRCULO DE BELLAS ARTES ★ ●

(119 E2) (🕮 G4)

Der „Kreis der schönen Künste" ist in einem Prachtbau des Madrider Architekten Antonio Palacios aus dem Jahr 1926 untergebracht. Ein brillanter Rahmen für Vorträge, Ausstellungen und Konzerte. Im Erdgeschoss gibt es ein großartiges Café – das kostet allerdings 1 Euro Eintritt. Wenn Sie noch 3 Euro mehr zahlen, dürfen Sie hinauf zur ☀ *azotea,* der Dachterrasse. Dort haben Sie den vielleicht schönsten Ausblick über Madrid. *Di–Sa 11–14 und 17–21, So 11–14 Uhr, Café tgl. 9–1 Uhr | C/ de Alcalá 42 | www.circulo*

bellasartes.com | Metro 2 Banco de España

CONDE DUQUE (123 E3) (𝄞 E2–3)

In dem Kulturzentrum, einer ehemaligen Kaserne aus dem 18. Jh., finden Theateraufführungen, Konzerte und Ausstellungen statt. *Travesía Conde Duque 9 | Metro 3 Ventura Rodríguez*

CAFÉ CENTRAL ⭐ (119 D3) (𝄞 F5)

Madrids Tempel des Jazz und verwandter Musikstile, zugleich aber auch ein vornehm-gemütliches Café. *Tgl 13.30–2.30 Uhr | Eintritt 8–20 Euro | Plaza del Ángel 10 | www.cafecentralmadrid.com | Metro 1, 2, 3 Sol*

CLAMORES (124 A3) (𝄞 F2)

Großer Jazzkeller, in dem einige der bedeutendsten Konzerte in Madrid stattfinden. *Tgl. 19–3 Uhr | Eintritt 5–20 Euro | C/ Alburquerque 14 | www.salaclamores.com | Metro 1, 4 Bilbao*

INSIDER TIPP EL JUNCO

(124 B4) (𝄞 G3)

Ein etwas versteckt gelegener Jazzkeller, der sofort sein Publikum erobert hat. Nach den Konzerten DJ-Musik bis in den frühen Morgen. *Tgl. 23–6 Uhr | Eintritt frei | Plaza Santa Bárbara 10 | www.eljunco.com | Metro 4, 5, 10 Alonso Martínez*

LIBERTAD 8 (119 E1) (𝄞 G4)

1976 – wenige Monate nach Diktator Francos Tod – eröffnet, ist der Name „Freiheit 8" nicht nur Straße und Hausnummer, sondern auch Programm. Ein Ort für Liedermacher und populäre Musik der leiseren Art. *Tgl. 16–2 Uhr | Eintritt um 8 Euro | C/ Libertad 8 | www.libertad8cafe.es | Metro 5 Chueca*

CAFÉ POPULART (119 E4) (𝄞 F5)

Jeden Abend gegen 23 Uhr gibt es Jazz live. Ein Klassiker in Huertas. *Tgl. 18–2.30 Uhr | Eintritt frei | C/ de las Huertas 22 | www.populart.es | Metro 1 Antón Martín*

Was Opern und Konzerte angeht, spielt Madrid nicht in der ersten europäischen Liga mit. Das Opernhaus ist das *Teatro Real* (118 B2) (𝄞 E4) (*Plaza de Oriente | www.teatro-real.com | Metro 2, 5 Ópera*); im *Teatro de la Zarzuela* (119 E2) (𝄞 G4)

LOW BUDGET

▶ Spanisches Kino für 2,50 Euro?! Das gibt es im *Cine Doré* (119 E4) (𝄞 F5) (Mo geschl. | C/ de Santa Isabel 3 | Metro 1 Antón Martín), dem Haus der staatlichen spanischen Filmothek.

▶ Die meisten Diskotheken verlangen hohen Eintritt, aber tanzen können Sie auch in Pubs wie *La Comedia* (119 C3) (𝄞 F5) (tgl. 21–4 Uhr | C/ Príncipe 16 | Metro 1, 2 Sevilla, Antón Martín) in Huertas mit schwarzer Musik, das (außer Fr/Sa) keinen Eintritt verlangt.

▶ Kunst und Konzerte erleben? Das geht auch umsonst, z. B. in den beiden Kulturzentren *La Casa Encendida* (119 D6) (𝄞 F6) (Ronda de Valencia 2 | www.lacasaencendida.es | Metro 3 Embajadores) und *Matadero Madrid* (128 A6) (𝄞 F8) (Plaza de Legazpi 8 | www.mataderomadrid.org | Metro 3, 6 Legazpi).

TERRAZAS

(C/ Jovellanos 4 | teatrodelazarzuela.mcu. es | Metro 2 Banco de España) werden *zarzuelas* – eine spanische Form des Singspiels – auf die Bühne gebracht.

Madrids bedeutender Konzertsaal ist das *Auditorio Nacional de Música* (121 F4) *(ᴍ 0) (C/ del Príncipe de Vergara 146 | www.auditorionacional.mcu.es | Metro 9 Cruz del Rayo),* Sitz des spanischen Nationalorchesters.

Das spanische Ballett hat einen internationalen Spitzenchoreografen hervorgebracht: Nacho Duato. Mittlerweile leitet Hervé Palito die *Compañía Nacional de Danza (cndanza.mcu.es)* mit Sitz in Madrid. Die beiden Ensembles CND und CND2 treten im Teatro de Madrid, im Teatro de la Zarzuela oder auf anderen Bühnen der Stadt auf. Das beste Ballettangebot finden Sie im *Teatro de Madrid* (0) *(ᴍ 0) (Av. de la Ilustración | neben dem Einkaufszentrum La Vaguada | www.teatro madrid.com | Metro 9 Barrio del Pilar).*

TERRAZAS ●

ANANDA (128 C3) *(ᴍ H6)*
Auf dieser Mega-*terraza* mit ostasiatisch inspirierter Dekoration neben dem Bahnhof Atocha treffen sich die Madrider *pijos* – Leute, denen Ansehen und Aussehen über alles gehen. *Ende Mai–Aug. tgl. 23–5 Uhr | Eintritt 15 Euro | Av. de la Ciudad de Barcelona 2 | Metro 1 Atocha Renfe*

TERRAZA ATENAS (123 D6) *(ᴍ D5)*

Die angesagteste Freiluftbar Madrids. Vor der Theke herrscht gegen 2 Uhr morgens ein fürchterliches Gedrängel. Wer endlich sein teures Bier in der Hand hat, lässt sich im kühlen Gras des Parque de Atenas nieder. Der DJ legt dazu Housemusik auf. *Nur Juli/Aug. tgl. bis 2.30 Uhr | C/ de Segovia, Ecke Cuesta de la Vega | Metro 5, 6 Puerta del Ángel, La Latina*

COSTA CASTELLANA (124 C4) *(ᴍ G–H 2–3)*
Das Wort ist ein Scherz: Ums den Freunden zu zeigen, die ihren Urlaub an der Costa Blanca oder der Costa del Sol verbringen, haben sich die Daheimgebliebenen die „kastilische Küste" ausgedacht. Gemeint sind die *terrazas* auf den breiten Fußgängerstreifen des Paseo de la Castellana nördlich der Plaza Colón. Ein etwas älteres Publikum zieht die Straßenbars auf dem Paseo de Recoletos vor. *Nur Juli/Aug. tgl. bis 2 Uhr | Metro 4 Colón*

INSIDER TIPP ▶ MARULA CAFÉ (118 A4) *(ᴍ E5)*
Bei Sommerwetter stellt das Marula Café – ein angesagter Club – Korbsessel auf seine Terrasse unterhalb des Viaducto. Beim Blick auf die Brückenbögen glaubt

Unter den vielen Madrider Open-Air-Bars, den *terrazas*, ist das Atenas die wohl angesagteste

man sich mit etwas Phantasie in eine gotische Kathedrale versetzt. Um 22 Uhr hat man die Tische fast für sich, ab Mitternacht ist es brechend voll. *Tgl. bis zum frühen Morgen | Cuesta Caños Viejos 3 | www.marulacafe.com | Metro 5 La Latina*

EL VIAJERO (118 B4) (*M E5*)

Bei Kerzenlicht sitzt man über den Dächern der Altstadt, hier und da ragt ein beleuchtetes Bauwerk aus dem Nachtblau, und eigentlich möchte man Madrid gar nicht mehr verlassen. *Di–So 13.30–16 und 20.30–1 Uhr | Plaza de la Cebada 11 | Metro 5 La Latina*

THEATER & MUSICAL

Das spanische Theater ist der Tradition verhaftet und hat anspruchsvollen Besuchern nur selten Aufregendes zu bieten. Ein wichtiges Madrider Theater ist das *Centro Dramático Nacional María Guerrero* (124 B4) (*M G3*) (*C/ Tamayo y Baus 4 | cdn.mcu.es | Metro 2, 4 Colón, Banco de España*). Spannender sind oft die kleinen, privaten Theater wie z. B. das *Teatro Alfil* (123 F4) (*M F3*) (*C/ del Pez 10 | www.teatroalfil.es | Metro 2, 10 Noviciado*).

In jüngster Zeit erlebt Madrid einen regelrechten Musicalboom. Meist werden die großen Broadway-Erfolge nachgespielt. Eine ganze Reihe von Musicaltheatern hat sich in ehemaligen Kinos in der Gran Vía eingerichtet. Das *Nuevo Apolo* (119 D4) (*M F5*) (*Plaza Tirso de Molina 1 | Metro 1 Tirso de Molina*) dient mal als Musicaltheater, mal aber auch als Flamencobühne.

ÜBERNACHTEN

Geschäftsreisende, die auf Firmenkosten unterwegs sind, finden in Madrid leicht eine angemessene Unterkunft. Sie können zwischen rund 250 Hotels und gut 600 *hostales* mit über 80 000 Betten wählen.

Die meisten Hotels tragen mindestens drei Sterne und sind entsprechend teuer, wenn sie auch nicht Pariser oder New Yorker Niveau erreichen. Fragen Sie bei der Reservierung immer nach dem Preis, er liegt oft unter den offiziellen Angaben auf der Website – prüfen Sie deshalb auch vermeintliche Sonderangebote von Hotelvermittlern im Internet durch direkte Anfrage im Hotel.

Für Touristen, die keine Reisespesen von der Steuer absetzen können, wird die Suche etwas schwieriger. Schon einfache

Zweisternehotels verlangen häufig mehr als 100 Euro die Nacht fürs Doppelzimmer. Zum Glück gibt es die Alternative der *hostales,* was sich mit Herberge oder Pension übersetzen lässt. Meistens sind es umgebaute Wohnungen in Altstadthäusern; sie nehmen eine oder höchstens zwei Etagen ein und werden oft von Ehepaaren geführt, die selbst in einer Ecke des *hostal* ihre private Bleibe haben. Diese Pensionen hatten lange keinen besonders guten Ruf, und das meist ganz zu Recht. Doch Madrid ist reicher geworden, die Bedürfnisse der Gäste sind gestiegen, und das Angebot hat nachgezogen. Die meisten Pensionen werden inzwischen regelmäßig renoviert, Fernseher, Klimaanlage und Internet sind Standard, auch ein eigenes Bad ist mitt-

Kein Problem, in Madrid eine billige Herberge oder ein Luxushotel zu finden – nur in der Mittelklasse ist das Angebot schmal

lerweile üblich. Wer sonst keinen Luxus und nicht mehr als einen ruhigen Platz zum Schlafen sucht, ist in den *hostales* gut aufgehoben und muss dafür selten mehr als 70 Euro hinlegen.

HOTELS €€€

CASA DE MADRID ⭐ (118 B2) *(ⓜ E4)*
Aus der Etage eines historischen Stadt-hauses aus dem ausgehenden 18. Jh. hat die aus altem Adel stammende Mar-ta Medina eine Art Fünf-Sterne-Bed-&-

Breakfast gemacht. Die Interleurs der nur sieben Zimmer, die mit kostbaren Anti-quitäten ausgestattet sind, greifen Län-dermotive auf. Glanzstück ist der Salon mit Pianoforte, antiken Marmorbüsten und römisch inspirierten Wandmalerei-en. *C/ Arrieta 2 | Tel. 6 60 34 24 27 | www. casademadrid.com | Metro 2, 5 Ópera*

ME MADRID REINA VICTORIA
(119 D3) *(ⓜ F5)*
Cool, cool, cool, modern und teuer: Das alte Stierkämpferhotel an der Plaza de

Santa Ana ist seit seiner Wiedereröffnung vor einigen Jahren nicht wiederzuerkennen. Statt Fernseher: Homecinema, statt Mini-: Maxibar. *192 Zi. | Plaza de Santa Ana 14 | Tel. 9 17 01 60 00 | www. memadrid.com | Metro 1, 2, 3 Sol*

INSIDER TIPP LA POSADA DEL LEÓN DE ORO (118 B4) (𝖒 E5)

Endlich gibt es auch im romantischen La Latina ein kleines, feines Boutiquehotel. Um den *corral,* den Innenhof, gruppieren sich sieben geschmackvoll und modern eingerichtete Zimmer. Dass sie schallisoliert sind, ist gut – die Weintheke und das Restaurant im Erdgeschoss sind gut besucht. Tolles Frühstück. Die Zimmerpreise könnten etwas günstiger sein; achten Sie auf Aktionspreise! *17 Zi. | C/ Cava Baja 12 | Tel. 9 11 19 14 94 | www. posadadelleondeoro.com | Metro 5 La Latina*

SILKEN PUERTA AMÉRICA ⭐
(125 F1) (𝖒 K1)

Welche Etage und welcher Designer? Soll es ein Zimmer von Zaha Hadid sein oder von Ron Arad? Die zwölf Etagen des Hotels sind eine Stilschau der zeitgenössischen Architektur und des Designs. Oscar Niemeyer, Arata Isozaki, David Chipperfield, Norman Foster und andere Meister haben an dem einzigartigen Hotel mitgewirkt. Die Lage des 75-Mio.-Euro-Projekts zwischen Messe und Zentrum ist für Touristen weniger gut, für Businessreisende aber interessant. *308 Zi. | Av. de América 41 | Tel. 9 17 44 54 00 | www. hotelpuertamerica.com | Metro 7 Cartagena*

Im Silken Puerta América durften sich namhafte Designer austoben

ÚNICO (124 C3) *(⌖ H2)*
Viel Weiß und Schwarz, Stuck und edle Materialien. Der Stil des Boutiquehotels passt zum noblen Salamancaviertel. Alles ist eine Spur besser und teurer. Nach dem Besuch der Wellnessabteilung lässt man sich im Sternerestaurant von Ramón Freixa verwöhnen. *44 Zi. | C/ Claudio Coello 67 | Tel. 917810173 | www.unicohotelmadrid.com | Metro 4 Serrano*

HOTELS €€

INSIDER TIPP ▶ ABALU (121 F4) *(⌖ F3)*
Ehemaliges *hostal,* das sich zum gemütlich-elegantem Etagenhotel gemausert hat. Komfort und familiäre Atmosphäre zu vernünftigem Preis. *10 Zi. | C/ del Pez 19 | Tel. 915 3147 44 | www.hotelabalu.com | Metro 2 Noviciado*

ATENEO (117 D2) *(⌖ F4)*
Günstiges Dreisternehotel in einem restaurierten Stadthaus aus dem 18. Jh. gleich neben der Puerta del Sol (aber unweit des Straßenstrichs). *38 Zi. | C/ Montera 22 | Tel. 915 2120 12 | www.hotel-ateneo.com | Metro 1, 2, 3 Sol*

CATALONIA LAS CORTES
(119 E3) *(⌖ F5)*
Das prachtvolle Viersternehotel ist in einem Stadtpalast aus dem 18. Jh. in Huertas nahe der Plaza Santa Ana untergebracht und bezaubert u. a. mit restaurierten Deckenfresken. *65 Zi. | C/ del Prado 6 | Tel. 913 89 60 51 | www.hotelescatalonia.es | Metro 1 Antón Martín*

PETIT PALACE ALCALÁ TORRE
(119 E2) *(⌖ F4)*
Das Gebäude mit seinem 53 m hohen Turm ist schon mal beeindruckend. Oben im Turm gibt es große, familientaugliche Zimmer. Auch sonst hat das Haus an ei-

Vorm Eingang des Reina Victoria wacht Calderón de la Barca

ner Ecke der Calle de Alcalá alles, was ein Hightech-Hotel auszeichnet: modernes, aber unaufgeregtes Design, gute Businessausstattung und relativ günstige Preise. Besonders schön: der verglaste Frühstücksraum im 5. Stock. *60 Zi. | C/ Virgen de los Peligros 2 | Tel. 915 3219 01 | www.hthoteles.com | Metro 2 Sevilla*

⭐ **Casa de Madrid**
Edel und intim – ein Bed & Breakfast voller Antiquitäten
→ S. 85

⭐ **Silken Puerta América**
Zwölf Etagen und die ganze Weltklasse des Designs
→ S. 86

MARCO POLO HIGHLIGHTS

HOTELS & HOSTALES €

PETIT PALACE PUERTA DEL SOL
(118 C2) (🗺 F4)
Hotel mit kühlem Schick in einem sanierten Altstadtgebäude von 1855. *64 Zi. | C/ de Arenal 4 | Tel. 915 210 542 | www.hthoteles.com | Metro 1, 2, 3 Sol*

ROOM MATE ALICIA (119 D3) (🗺 F5)
Hippes Hotel in einem spektakulären Industriebau vom Beginn des 20. Jhs. an der Plaza de Santa Ana. Sehr angenehm sind die hellen Zimmer. *34 Zi. | C/ del Prado 2 | Tel. 913 89 60 95 | www.room-mate hoteles.com | Metro 1, 2, 3 Sol*

ROOM MATE MARIO (118 B2) (🗺 E4)
Als man in Madrid zeitgenössisches Design noch für ein unkalkulierbares Risiko hielt, entstand in der geschwungenen Gasse Campomanes in der Nähe der Oper dieses ebenso intime wie anspruchsvolle Designhotel. Die klare Linie der großzügigen und hohen Räume überzeugt noch immer. Ein weiterer Pluspunkt, der für dieses Haus spricht, ist das gute Frühstück. *54 Zi. | C/ Campomanes 4 | Tel. 915 48 85 48 | www.room-matehotels .com | Metro 2, 5 Ópera*

HOTELS & HOSTALES €

ALFARO (119 E3) (🗺 F4)
Die günstige Pension liegt in Huertas zentral auf halbem Weg zwischen Prado und Plaza Mayor. Sehr gepflegt, alle Zimmer haben Fernseher und Klima-

LUXUSHOTELS

AC Palacio del Retiro (124 C6) (🗺 H4)
Gegenüber vom Retiro steht Madrids vielleicht schönstes Luxus-Boutiquehotel. Das denkmalgeschützte Gebäude aus dem frühen 20. Jh. und das zeitgenössische Interieur harmonieren gut miteinander. Das Spa verwöhnt mit Sauna, Jacuzzi und türkischem Bad. *Ab 230 Euro | 51 Zi. | C/ de Alfonso XII 14 | Tel. 915 23 74 60 | www.ac-hotels.com | Metro 2 Retiro*

Ritz (124 B6) (🗺 G4)
König Alfons XIII. fand, Madrid brauche auch ein Ritz wie die Weltstädte Paris oder London. 1910 wurde sein Traum wahr. Bis heute ist das Hotel neben dem Prado eine der liebsten Adressen von Königen und Staatschefs. *Ab 280 Euro | 167 Zi. | Plaza de la Lealtad 5 | Tel. 917 01 67 67 | www.ritz.es | Metro 2 Banco de España*

Urban (124 B6) (🗺 F4)
Der ultramoderne Neubau aus Glas und schwarzem Stein verbirgt eine avantgardistische Innenarchitektur, dazu als Kontrapunkt exotische Antiquitäten. Die 🌿 Bar *La Terraza del Urban* auf der spektakulären Dachterrasse ist Treffpunkt von Madrids Happy Few. *Ab 230 Euro | 102 Zi. | Carrera de San Jerónimo 34 | Tel. 917 87 77 70 | www. derbyhotels.com | Metro 2 Sevilla*

The Westin Palace (124 B6) (🗺 G4–5)
Eröffnet 1912, ist das Palace auch nach 100 Jahren noch immer Madrids berühmtestes Hotel. Größte Attraktion war und ist die säulengestützte Glaskuppel im Erdgeschoss. *Angebote ab 265 Euro, sonst ab 395 Euro | 466 Zi. | Plaza de las Cortes 7 | Tel. 913 60 80 00 | www.palacemadrid.com | Metro 2 Banco de España*

Modernes Outfit in denkmalgeschützten Mauern: das Palacio del Retiro

anlage. *20 Zi. | C/ Ventura de la Vega 16 | Tel. 9 14 29 61 73 | www.hostalalfaro.es | Metro 2 Sevilla*

INSIDER TIPP CHIC & BASIC ATOCHA
(119 F5) (*G5*)

Während das Chic & Basic Colors einem *hostal* entspricht, gehört das Atocha zur Hotelkategorie. Schöne Zimmer mit frischem Design, Dachterrasse und perfekte Lage für Kunstmenschen: Die Museen Reina Sofía, Prado, Caixaforum und Thyssen-Bornemisza liegen praktisch vor der Haustür. *36 Zi. | C/ de Atocha 113 | Tel. 9 13 69 28 95 | www.chicandbasic. com | Metro 1 Atocha*

CHIC & BASIC COLORS
(119 D3–4) (*F5*)

Gradliniges, schickes Design, fröhliche Farben, und das Ganze in zentraler Lage nahe der Puerta del Sol und der Plaza Santa Ana. Alle Zimmer mit Plasma-TV und eigenem Bad. *10 Zi. und 5 Apartments | C/ de las Huertas 14 | Tel. 9 14 29 69 35 | www.chicandbasic. com | Metro 1 Antón Martín*

COMERCIAL (118 C3) (*F5*)

Wunderbar gemütliches *hostal* in idealer Lage direkt neben der Plaza Mayor. Einige Zimmer mit Gemeinschaftsbad. INSIDER TIPP Sehr günstig, auch für Einzelreisende. *11 Zi. | C/ de Esparteros 12 | Tel. 9 15 22 66 30 | www.hostalcomercial. com | Metro 1, 2, 3 Sol*

FLAT 5 (123 F4) (*E3*)

In der fünften Etage der Hausnummer 55 der Calle San Bernardo empfängt Sie dieses moderne, farbenfrohe *hostal* mit netten Details. Günstige Lage für Nachtschwärmer, die Malasaña und Triball erkunden wollen. *9 Zi. | C/ San Bernar-*

Preiswert und nur wenige Schritte von der Plaza Mayor: Hostal Tijcal I

do 55 | Tel. 911272400 | www.flat5madrid.com | Metro 2 Noviciado

PLAZA MAYOR (118 C3) (*F5*)
Das nette, kleine Hotel liegt, wie der Name andeutet, in der Nähe der Plaza Mayor. Die Zimmer sind nicht aufregend, aber sauber und komfortabel. Die Suite geht über die gesamte Dachetage und hat eine kleine Terrasse. Schöne und einigermaßen ruhige Lage an der Plaza de Provincia. *35 Zi. | C/ de Atocha 2 | Tel. 913600606 | www.h-plazamayor.com | Metro 1, 2, 3 Sol*

PRAKTIK METROPOL (124 A5) (*F4*)
Helle, restaurierte Zimmer in frischem Design. Alle mit Wannenbad und freiem Internet. Besonders schön ist das INSIDER TIPP Zimmer *Gran Vía Corner* mit Panoramablick. *60 Zi. | C/ Montera 47 | Tel. 915212935 | www.hotelpraktikmetropol.com | Metro 1, 5 Gran Vía*

TIJCAL I (118 C3) (*F5*)
Liebevoll dekoriertes, sehr gut in Schuss gehaltenes *hostal* nur ein paar Schritte von der Plaza Mayor. Auch Drei- und Vierbettzimmer. *31 Zi. | C/ Zaragoza 6 | Tel. 913655910 | www.hostaltijcal.com | Metro 1, 2, 3 Sol*

APARTMENTHOTELS

APARTASOL (119 D3) (*F5*)
Geschmackvoll renovierte Apartments in einem Altstadthaus Nähe Puerta del Sol. *10 Apartments | zwei Personen 70 Euro/Nacht | C/ de las Carretas 27 | Tel. 915213242 | www.apartasol.com | Metro 1, 2, 3 Sol*

ESPAHOTEL (123 F4–5) (*E3*)
Die geräumigen Studios oder Suiten, die alle über eine eigene Küche verfügen, sind komfortabel eingerichtet und bieten den Service eines Drei- oder Viersternehotels. Tolle Aussicht von den obe-

ren Etagen. Madridbesucher, die auf den Rollstuhl angewiesen sind, finden hier drei behindertengerechte Studios. *Ab 85 Euro/Nacht | 86 Apartments | Plaza de España 7 | Tel. 9 15 42 85 85 | www.espahotel-madrid.com | Metro 3, 10 Plaza de España*

PRÍNCIPE (119 D3) (🕮 F5)

Apartments und komfortable Zimmer mit Einbauküche in einem schönen Altstadthaus mitten im trubeligen Huertas bei der Plaza de Santa Ana. *Ein- oder Zweipersonenstudio ab 75 Euro/Nacht | 36 Apartments, Studios und Suiten | C/ del Príncipe 11 | Tel. 9 14 29 44 70 | www.at principe11.com | Metro 2 Sevilla*

WOHNUNGEN & APARTMENTS

CHIC RENTALS

Schicke und individuelle Wohnungen im Zentrum, z. B. eine 200 m² große Altbauetage für bis zu sechs Personen mit Parkett, Wohnzimmer, Esszimmer, drei Schlafzimmern, kompletter Küche und Internet. Deutschsprachige Betreuung. *280 Euro/Nacht | Tel. 9 15 42 04 04 | www.chic-rentals.com*

FRIENDLY RENTALS

Im Angebot sind moderne und geschmackvolle Apartments für zwei bis hin zu neun Personen. Letzteres ist eine palastartige Etage in Huertas. *Ab ca. 30 Euro pro Person und Nacht | Tel. 9 32 68 80 51 | Tel. in D 03222 109 10 79 | www.friendly rentals.com*

ONLY APARTMENTS

Die Agentur vermietet 75 Apartments und Studios in der ganzen Stadt. *Ab ca. 30 Euro pro Person und Nacht | Tel. 9 33 01 76 78 | www.only-apartments. com/apartments-madrid.html*

JUGENDHERBERGE

SANTA CRUZ DE MARCENADO (123 F3) (🕮 E2)

Von den staatlichen Jugendherbergen Madrids liegt diese in der Nähe des Kulturzentrums Conde Duque am günstigsten. Nur für Individualreisende, Aufenthalt maximal drei Nächte. Es gibt Zimmer mit zwei, vier, sechs und acht Betten. Mit Jugendherbergsausweis etwa 12 Euro inklusive Frühstück, 8,50 Euro für Reisende unter 26 Jahren. *72 Betten | C/ Santa Cruz de Marcenado 28 | Tel. 9 15 47 45 32 | www.hihostels.com | Metro 3 Argüelles*

LOW BUDGET

▶ Das wunderschöne *Cat's Hostel* **(119 D4)** *(🕮 F5) (186 Betten in 19 Schlafsälen und 6 DZ | ab 16,50 Euro/ Person inkl. Frühstück | C/ Cañizares 6 | Tel. 9 13 69 28 07 | www.cats hostel.com | Metro 1 Antón Martín)* residiert in einem günstig und ruhig gelegenen Stadtpalast aus dem 18. Jh. zwischen Plaza Santa Ana und Tirso de Molina. Der maurisch gestaltete Innenhof wäre eines Luxushotels würdig. Ein Treffpunkt der Travellerszene und es werden Partys und Tapatouren organisiert.

▶ In einem typischen Madrider Mehrfamilienhaus aus dem 19. Jh. wohnen Sie günstig – nämlich schon ab 19 Euro pro Person inkl. Frühstück – in der etwas nüchterneren *Posada de Huertas* **(119 D4)** *(🕮 G5) (152 Betten in 22 Schlafsälen und 7 DZ | C/ de las Huertas 21 | Tel. 9 14 29 55 26 | www. posadadehuertas.com | Metro 1 Antón Martín).*

STADTSPAZIERGÄNGE

Die Touren sind im Cityatlas, in der Faltkarte und auf dem hinteren Umschlag grün markiert

1 STADT, LAND, FLUSS: ENTLANG DER UFER DES MANZANARES

Diese Tour führt Sie mit dem Fahrrad zum neu angelegten Flussufer des Manzanares – Madrid Río – sowie in den Stadtwald Casa de Campo. Einen sehr guten, von der Stadtverwaltung herausgegebenen kommentierten Plan des Geländes können Sie sich als PDF unter *short.travel/mad1* herunterladen. Für die 16 km lange Strecke sollten Sie mit ein paar Pausen ca. drei Stunden einplanen.

Mit dem Fahrrad, das Sie sich bei **Bike Spain** (118 B3) *(Ⓜ E5)* *(17 Euro/Tag, 12 Euro/halber Tag | Plaza de la Villa 1 | www.bikespain.info)* oder **Trixi** (119 D2) *(Ⓜ F4)* *(15 Euro/24 Std., 12 Euro/8 Std. | Jardines 12 | www.trixi.com)* ausgeliehen haben, geht es von der **Plaza Mayor** → S. 34 los. Von dort startet auch eine geführte, ähnliche Radtour („Madrid Río") auf Englisch – Infos in der Touristenzentrale oder auf *www.bikespain.info*. Radfahren ist in der spanischen Hauptstadt noch eine exotische Tätigkeit, also seien Sie bitte vorsichtig!

Rollen Sie die Calle Mayor hinunter und die kurvige, steile Abfahrt Cuesta de la Vega bei der Kathedrale. Erfreulicherweise gibt es an der Ronda de Segovia eine Radspur. Fahren Sie darauf immer geradeaus in den Paseo de los Melancólicos. Biegen Sie auf einer der kleinen Straßen vor dem riesigen Fußballstadion von Atlético Madrid rechts ab auf den neu angelegten Uferpark des Manzanares und

Bild: Catedral Nuestra Señora de la Almudena

Madrid kompakt: eine Radtour am Manzanares, ein „grüner" Spaziergang und ein Streifzug durchs Zentrum

halten Sie nach der Y-förmigen Fußgängerbrücke **Puente Verde en Y** Ausschau. Kreuzen Sie den Fluss und fahren auf der anderen Uferseite in nördliche Richtung. Bei der prächtigen Renaissancebrücke **Puente de Segovia** aus dem 16. Jh. haben Sie einen schönen Blick auf das Königsschloss und die Kathedrale. Hinter der Brücke steuern Sie Ihr Bike durch die wiederhergestellten **Jardines de Partida**, Obstgärten, die im 16. Jh. angelegt wurden. Hier ist die Beschilderung noch lückenhaft. Orientieren Sie sich an der ho-

hen Wasserfontäne, die am **Lago Casa de Campo** in den Himmel schießt. Jetzt sind Sie in der **Casa de Campo → S. 54**, dem ehemaligen königlichen Jagdgebiet. Es ist kein von Menschenhand angelegter Park wie etwa der Retiro, sondern eine *dehesa,* ein natürlich gewachsener Hain mit Pinien und Steineichen. Umrunden Sie einmal den Lago oder machen Sie eine Pause in einem der Lokale.

Sie sollten auf dem **Anillo Verde Ciclista**, auf dem Fahrrad-Stadtring, in die Casa de Campo gekommen sein. Bleiben Sie

Der Río Manzanares ist Ihr Wegweiser auf der Radtour

weiter auf dem Radweg, der parallel zum Manzanares, nun allerdings innerhalb des Waldgebiets, verläuft. An heißen Tagen ist es herrlich, hier unter den Pinien zu fahren! An der Rotunde Glorieta Puerta Moreza fahren Sie geradeaus und folgen weiter dem Anillo Verde, der nun auch der Wanderweg GR 124 ist.

Kurz darauf führt die Radbrücke Pasarela de los Franceses über eine Schnellstraße. Links passieren Sie Reitställe, rechts sehen Sie den ☼ Faro, einen Aussichtsturm, der wie ein Ufo aussieht. Der Fluss fließt hier in seinem natürlichen Bett, umgeben von einer dichten Vegetation, die den Hauptstädtern echte Naturgefühle entlockt. Genießen Sie das Stück noch

etwa 1 km, ehe Sie auf der historischen Brücke **Puente de San Fernando** die Seite wechseln.

Auf der **Senda Real**, dem Königsweg, geht es nun wieder zurück in Richtung Stadt. Der Weg ist zunächst auf etwa 300 m schmal und teilweise nicht befestigt. Im Notfall schieben Sie das Rad auf diesem Abschnitt und betrachten die seltsame Stadtlandschaft aus Autobahnen, Golfplatz und dem ehemaligen Tor, das den höfischen Bezirk begrenzte und nun einsam auf einer Verkehrsinsel thront.

Nach einem kurzen Anstieg überqueren Sie eine Fußgängerbrücke. Der gewalzte Weg führt nun unterhalb des Campus der **Complutense**, der größten Universität der Stadt, entlang. Das bewachte Tor, das Sie bald linker Hand sehen, führt zum **Moncloa-Palast**, dem Regierungssitz des spanischen Ministerpräsidenten. Sie bleiben auf dem gewalzten Weg bis zu einem großen Kreisverkehr. Da müssen Sie rüber! Nach dem Kreisel wird es wieder entspannt: Sie cruisen parallel zum Paseo de la Florida durch den **Parque del Oeste**, bis Sie vor zwei nahezu identischen Kapellen stehen. Die rechte ist die **Ermita de San Antonio → S. 54** mit den großartigen Fresken Goyas. Hier hat der Maler seine letzte Ruhe gefunden. Das Lokal an der Ecke ist die **Casa Mingo → S. 62**, sehr beliebt für seine Grillhähnchen und seine rustikale asturische Küche.

Hinter den Kapellen fahren Sie den Berg hinauf, überqueren die Gleise und schieben die steile Calle Francisco y Jacinto hoch. Folgen Sie der Autostraße den Berg hinauf unterhalb der Gondelbahn zum Paseo del Pintor Rosales und genießen die Aussicht am ☼ **Templo de Debod → S. 47**, einem ägyptischen Tempel, der 1960 vom Niltal auf die spanische Hochebene geschafft wurde. Vorbei am **Palacio Real → S. 40** und der **Kathedrale → S. 40** geht es zurück zum Radverleih.

KUNSTHANDWERK UND GARTENKUNST

Dieser Spaziergang führt Sie durch den Retiropark, den Botanischen Garten, in die königliche Teppichmanufaktur und ins Museum der dekorativen Künste. Planen Sie ungefähr vier Stunden ein, um ausreichend Zeit für Besichtigungen und Pausen zu haben.

Der **Retiro** → S. 36, Madrids großer Stadtpark, war zunächst nur der Königsfamilie und ihren Besuchern zugänglich. *Retiro* bedeutet „Rückzug" – hierhin zogen sich die hohen Herrschaften zurück, wenn sie von ihrem Volk genug hatten. Erst seit Mitte des 19. Jhs. ist es jenem Volk erlaubt, sich in dem schattigen Park vom Großstadtleben zu erholen.

Von der Metrostation an der Nordseite des Parks laufen Sie zum gewaltigen **Reiterstandbild Alfons' XII.** Der Bourbone, Urgroßvater von König Juan Carlos, bestieg 1874 mit gerade 17 Jahren den Thron und starb 1885 mit nicht einmal 28 Jahren. Gehen Sie ein Stück am **Estanque** → S. 98 entlang, ehe Sie an seiner Südseite den **Palacio de Velázquez** → S. 37 in dichtem Grün ausmachen. Wenn Sie möchten, schauen Sie sich die Ausstellung an, die dort gerade gezeigt wird. Auch im **Palacio de Cristal** → S. 37 ist regelmäßig Kunst zu sehen. Vom wunderbaren Glaspalast von 1887 gehen Sie auf verschlungenen Wegen immer in südliche Richtung, bis Sie den Paseo de Uruguay erreichen, wo **La Rosaleda** erblüht, der Rosengarten des Retiros. Über die breite Nord-Süd-Achse des Parks, den Paseo de la República de Cuba, verlassen Sie den Park über einen Treppenabgang. Versteckt hinter unscheinbaren Backsteinmauern überrascht die **INSIDER TIPP** **Real Fábrica de Tapices** *(Mo–Fr 10–14 Uhr | 4 Euro | C/ Fuenterrabía 2 | www.realfabricadetapices.com | Metro 1 Ato-*

cha Renfe) Besucher. König Felipe V, der die Schönheit von Gobelins bei seinem Großvater, dem Sonnenkönig Ludwig XIV., kennengelernt hatte, dachte sich, dass es doch viel günstiger wäre, wenn man die edlen Gewirke selbst herstellen könnte, anstatt sie teuer aus Frankreich oder Flandern zu importieren. Mit Jakob Vandergoten hatte er den geeigneten Meister gefunden, der die Kunst auch in Spanien zum Erfolg führen würde. Noch immer werden an den historischen Webrahmen etwa nach Vorlagen von Goya Wand- und Bodenteppiche geknüpft.

Wenn Sie mögen, schauen Sie kurz ins **Panteón de Hombres Ilustres** *(C/ Julián Gayarre 3 | www.patrimonionacional.es | Metro 1 Atocha Renfe)*. Das unvollendete Pantheon im neobyzantinischen Stil gehört der spanischen Krone. Unter den Grabskulpturen fällt aufmerksamen Beobachtern eine Figur auf, die **INSIDER TIPP** wie eine Kopie der Freiheitsstatue von New York aussieht. Tatsächlich ist diese hier aber 30 Jahre früher entstanden.

Das nun folgende Wegstück an der lauten Avenida de la Ciudad de Barcelona ist zum Glück nicht allzu lang. Links sehen Sie den **Bahnhof Atocha** → S. 50. An der runden Plaza Emperador Carlos V passieren Sie das prunkvolle Umweltministerium, ehe Sie ins gepflegte Grün des **Jardin Botánico** → S. 36 eintauchen. Warum der Botanische Garten direkt unterhalb des Prado-Museums liegt, hat seinen Grund: Der Palacio de la Villanueva, der den Prado beherbergt, wurde ursprünglich für die Naturwissenschaftliche Sammlung gebaut, zu der auch ein Garten für europäische Gewächse und solche aus den Kolonien angelegt wurde. Spazieren Sie entlang der neu gestalteten Rückseite des Prados, sehen Sie rechter Hand die Kirche **San Jerónimo El Real**, in der Juan Carlos zum König gekrönt wurde. Den Kreuzgang hat man in den Anbau des neuen Prados integriert. Gleich daneben hat die **Real Academia de la Lengua Española** ihren Sitz. Seit 1713 wacht die Akademie über den rechten Gebrauch der spanischen Sprache.

Vor sich sehen Sie nun das **Casón del Buen Retiro**, Relikt eines königlichen Sommerpalasts, dem sich der Retiro ursprünglich als privater Garten anschloss. Wenn es Sie drängt, den wohl ältesten Baum Madrids zu sehen, müssen Sie noch mal kurz in den Retiro: Gleich gegenüber dem Casón im sogenannten Parterregarten steht eine mexikanische Zypresse, die hier 1633 gepflanzt wurde. Sollten Sie an einem Donnerstag unterwegs sein, können Sie noch einen Blick ins **Museo Nacional de Artes Decorativas** *(Di–Sa 9.30–15, So 10–15, Do auch 17–20 Uhr | 3 Euro | C/ de Montalbán 12 | mnartesdecorativas.mcu.es | Metro 2 Retiro)* werfen, dann sind die wunderbaren Möbel, Textilien und Keramiken des 16. bis 20. Jhs. auch am Nachmittag zu sehen. Als Abschluss dieses höfisch geprägten Spaziergangs bietet es sich an, entweder einen Kaffee unter der bunten Glaskuppel des **Palace-Hotels → S. 88** zu trinken oder zum **INSIDER TIPP** High Tea im Hotel **Ritz → S. 88** Platz zu nehmen. Natürlich sollte an Ihren Sohlen nicht mehr die Erde des Retiro-Parks kleben – schließlich wurde der riesige runde Teppich, auf dem Sie dort sitzen, in der Real Fábrica de los Tapices geknüpft.

3 MADRID FÜR EILIGE: IM ZICKZACK DURCHS ZENTRUM

Haben Sie nur wenig Zeit? Dieser Spaziergang durchs Zentrum führt Sie an praktisch allen wichtigen Sehenswürdigkeiten vorbei – nehmen Sie sich deshalb unbedingt einen ganzen Tag Zeit dafür!

Welch ein Trubel! Die **Puerta del Sol → S. 35** ist das Herz von Madrid und die symbolische Mitte ganz Spaniens. Die rechten Winkel der **Plaza Mayor → S. 34** sorgen dagegen für maßvolle Ruhe. Wenn nicht gerade ein Fest gefeiert wird, gehört der 100 mal 120 m große Hauptplatz den Caféterrassen und Straßenkünstlern. In dem mit Fresken bemalten Haus, der **Casa de la Panadería → S. 35**, residiert die Touristeninformation.

Verlassen Sie die Plaza Mayor durch eines der westlichen Tore. Der **Mercado de San Miguel → S. 73** ist die einzige noch erhaltene alte Markthalle und ein Ort für Feinschmecker. Über die Calle Mayor kommen Sie zum alten Stadtplatz, der **Plaza de la Villa → S. 42** mit einem malerischen Ensemble aus Gebäuden des 15., 16. und 17. Jhs. Über schmale Gassen queren Sie das Madrid de los Austrias, das Madrid der Habsburger, und gelangen zu einem der romantischsten Plätze der Stadt, der **Plaza de la Paja**. Hier im ältesten Teil Madrids ist von Großstadthektik nichts zu spüren.

Vom Aussichtspunkt **Las Vistillas** sehen Sie den riesigen Stadtwald Casa de Campo, die Berge der Sierra de Guadarrama und die Kathedrale **La Almudena → S. 40**. Gehen Sie über die große Brücke und bestaunen Sie neben der Kathedrale den **Palacio Real → S. 40**, den Königspalast. Wenn Sie hineingehen möchten, nehmen Sie sich etwa anderthalb Stunden Zeit. Die **Plaza de Oriente → S. 41** ist der herrschaftlichste Platz Madrids. Rechts sehen Sie das Opernhaus, das **Teatro Real → S. 81**, links die **Sabatini-Gärten**.

Vom Machtanspruch des Franco-Regimes zeugt noch die **Plaza de España → S. 46**. Nicht nur die Hochhäuser **Edificio de España** und **Torre de Madrid** sind monumental. Auch das **Denkmal des Cervantes** will vor allem groß sein. Die **Gran Vía**

→ S. 44 wurde ab 1910 quer durch die enge Altstadt geschlagen. Gehen Sie den „Broadway Madrids" mit seinen Kinos und Musicaltheatern hinauf. Beim Telefónica-Gebäude, dem ersten Hochhaus Europas, biegen Sie in Madrids coole Modemeile ein, die **Calle de Fuencarral → S. 67**. Jetzt sind sie in Chueca; das liberale Flair dieses Viertels wird nicht nur von der Schwulen- und Lesbenszene geschätzt.

Vorbei an netten Boutiquen erreichen Sie die **Plaza de Colón**, über der eine riesige Spanienflagge weht. Das große neoklassizistische Gebäude beherbergt die Nationalbibliothek und das **Archäologische Museum → S. 53**. Wenn Sie möchten, legen Sie einen Halt im Café **El Espejo → S. 57** oder im Literatentreff **Café Gijón → S. 58** ein.

An der **Plaza de Cibeles → S. 34** kommen Sie nicht vorbei, ohne ein Foto zu machen. Im Hintergrund der Fruchtbarkeitsgöttin Kybele – umtost vom vielspurigen Verkehr – thront palastartig die alte Hauptpost, jetzt das Rathaus. Links davon der Palacio de Linares und zwischen beiden die **Puerta de Alcalá → S. 34**. Mögen Sie Kunst? Goya und Velázquez im **Prado → S. 31** sehen, durch die Kunstgeschichte im **Museo Thyssen-Bornemisza → S. 33** spazieren, im **Centro de Arte Reina Sofía → S. 48** dem wechselvollen Kunstgeschehen des 20. Jhs. nachforschen? Oder möchten Sie sich doch lieber im **Botanischen Garten → S. 36** entspannen?

Die Zielgerade führt Sie ins *Siglo de Oro*, Spaniens „goldenes" 16./17. Jh. In **Huertas → S. 28** lebten die Dichter Cervantes und Lope de Vega. Heute ist das Viertel vor allem für sein quirliges Nachtleben rund um die **Plaza de Santa Ana → S. 28** berühmt.

Zwischenstopp im Schlaraffenland: Markthalle des Mercado de San Miguel

MIT KINDERN UNTERWEGS

CHURROS CON CHOCOLATE

Diesen Genuss dürfen Sie Ihren Kindern (und sich selbst!) bei einem Madridbesuch nicht vorenthalten. Halten Sie Ausschau nach Bars und *cafeterías,* die mit dem Schild „Hay churros" werben. *Churros* sind dünne Stangen oder zu Spiralen geformte Kringel aus Brandteig, die in Fett ausgebacken und dann in eine Tasse mit süßer, dickflüssiger warmer Schokolade getaucht werden. Einfach himmlisch!

ESTANQUE ● (125 D6) *(ⓜ H4)*

Estanque heißt er, und mehr ist er auch nicht, der Teich im Retiropark: ein großes Becken. Dennoch ist es ein Vergnügen, mit Mama oder Papa ins Boot zu steigen und übers grüne Wasser zu rudern. *7,50 Euro/45 Min. | bei gutem Wetter Di–So 10–14 und 16 Uhr–Sonnenuntergang | Metro 2 Retiro*

FAUNIA (0) *(ⓜ 0)*

Dieser Natur-Themenpark ist mehr als ein Zoo: Statt Tiergehegen bietet er komplette Lebensräume, vom tropischen Regenwald bis zum polaren Ökosystem. Im Insektenhaus kann man in einen Bienenstock schauen oder zusehen, wie sich Schmetterlinge entpuppen. Im Angebot ist auch eine Reise ins Innere eines Vulkans. *26 Euro, Kinder (3–7 Jahre) 20 Euro, bis 3 Jahre frei | März–Sept. tgl., Jan./ Feb. Sa/So 10 Uhr–Einbruch der Dunkelheit | Av. Comunidades 28 | www.faunia. es | Metro 9 Valdebernardo*

MUSEO DE CERA (124 B–C4) *(ⓜ G3)*

Im Madrider Wachsfigurenkabinett stehen die Helden der spanischen und internationalen (Pop-)Kultur beisammen: Lady Di, Albert Einstein, Andrés Iniesta und David Villa, das spanische Kronprinzenpaar … Die Kleinen freuen sich an Heidi, ET und Bart Simpson, die etwas Größeren an der Schreckenskammer mit Frankenstein, Freddy Krueger und Kollegen. *17 Euro, Kinder (4–10 Jahre) 12 Euro | Mo–Fr 10–14.30 und 16.30– 20.30, Sa/So 10–20.30 Uhr | Paseo de Recoletos 41 | www.museoceramadrid.com | Metro 4 Colón*

MUSEO DEL FERROCARRIL (128 B–C 4–5) *(ⓜ G7)*

Der Bahnhof Las Delicias wurde 1880 eröffnet. In der mächtigen Halle aus Eisen und Glas stehen rund 30 alte Dampf- und Dieselloks sowie Waggons, in die man zum Teil hineingehen kann. Geschichte haben auch die Spielbahnen und Häus-

chen im Modellbausaal. *5 Euro, Kinder (4–12 Jahre) 3,60 Euro, So Kinder und Erwachsene je 3 Euro | Di–Do und So 10–15, Fr/Sa 10–20 Uhr | Paseo Delicias 61 | www.museodelferrocarril.org | Metro 3 Delicias*

PARQUE DE ATRACCIONES
CASA DE CAMPO (0) (🗺 0)

Der Freizeitpark am Südrand des Stadtwalds Casa de Campo bewahrt noch etwas vom Ambiente der Sechzigerjahre, als er gegründet wurde. Die spektakulärste Attraktion: *El Viejo Caserón,* ein Geisterhaus mit Schreckgestalten aus Fleisch und Blut. *29,90 Euro (ohne Viejo Caserón), Kinder (90–120 cm) 23,90 Euro, bis 90 cm frei | Mitte Sept.–April meist nur Sa/So, Mai Mi–So, Juni–Anfang Sept. tgl. 12 Uhr–Einbruch der Dunkelheit | www.parquedeatracciones.es | Metro 10 Batán*

TELEFÉRICO 🌿 (122 C3) (🗺 C2)

Gondelfahren macht einfach Spaß. Am Paseo Pintor de Rosales geht es los, von da schwebt man hinüber in die Casa de Campo – selbstverständlich mit toller Aussicht über die Stadt. Im Park gibt es Spielplätze, man kann Boot fahren, Eis essen oder mehr. *März–Sept. 11–19 bzw. 12–21 Uhr, zum Teil nur an Wochenenden | Hin- und Rückfahrt 5,75 Euro | www.teleferico.com | Metro 3, 4, 6 Argüelles*

ZOO AQUARIUM (0) (🗺 0)

Der Zoo in der Casa de Campo ist mit 6000 Tieren 500 verschiedener Arten einer der bedeutendsten in Europa. Neben den Gehegen für Landtiere sind ein Delphinarium, ein Seelöwengehege, ein tropisches Aquarium mit 35 Becken und ein Aviarium mit 60 Vogelarten entstanden. Mindestens zweimal täglich gibt es Delphin-, Seelöwen-, Raubvogel- und Papageienshows. Auf die Kleinsten wartet ein Streichelzoo. *Tgl. 11–mindestens 18, Juni–Aug. 10.30–mindestens 20 Uhr | 22,25 Euro, Kinder (3–7 Jahre) 18 Euro, bis 3 Jahre frei | www.zoomadrid.com | Metro 10 Casa de Campo*

EVENTS, FESTE & MEHR

1. Jan.; 6. Jan.; Gründonnerstag; Karfreitag; 1. Mai; 2. Mai; 15. Mai; 15. Aug.; 12. Okt.; 1. Nov.; 9. Nov.; 6. Dez.; 8. Dez.; 25. Dez. Fällt ein Feiertag auf einen Sonntag, ist oft der folgende Montag Feiertag.

VERANSTALTUNGEN

5. JANUAR
▶ **Cabalgata de Reyes:** Die Kinder schauen den Heiligen Drei Königen abends beim festlichen Einzug in Madrid zu. Wenn sie nach Hause kommen, haben die *Reyes* dort ihre Geschenke hinterlassen. Am nächsten Morgen wird ausgepackt.

ENDE JANUAR–ANFANG FEBRUAR
▶ **INSIDER TIPP** *Escena Contemporánea:* internationales Off-Theater-Festival auf verschiedenen Bühnen der Stadt. *www. escenacontemporanea.com*

MITTE FEBRUAR
▶ **Arco:** internationale Kunstmesse auf dem Messegelände Ifema. *www.arco. ifema.es*

GRÜNDONNERSTAG/KARFREITAG
▶ *Semana-Santa-Prozessionen* in der Altstadt erinnern an die Passion Christi.

APRIL
▶ **Madrid-Marathon:** Der Klassiker ist anspruchsvoll: Höhenunterschiede von insgesamt 300 m sind zu bewältigen. *www. maratonmadrid.org*

MITTE APRIL–ANFANG MAI
▶ **Festimad 2 M:** das bedeutendste Rock- und Popfestival der Region Madrid mit Konzerten an mehreren Standorten. *www.festimad.es*

MAI
2. Mai: Der Feiertag der ▶ **Comunidad de Madrid** erinnert an die Aufständischen, die sich am 2. Mai 1808 den Truppen Napoleons widersetzten.
8.–15. Mai: Die Stadt feiert ihren Heiligen ▶ ● **San Isidro.** Tägliche Stierkämpfe in der Arena Las Ventas, Folklore, Musikbühnen.

ENDE MAI/ANFANG JUNI
▶ **Feria del Libro de Madrid** im Retiro, ein zweiwöchiges Autogrammmarathon der bedeutendsten spanischsprachigen Schriftsteller. *www.ferialibromadrid.com*

Madrids Festkalender bestimmen sowohl religiöse als auch weltliche Feste – von der Karfreitagsprozession bis zur Schwulendemo

JUNI/JULI
▶ *Photo-España:* Die ganze Stadt verwandelt sich in eine große Fotoausstellung. *www.phe.es*

23./24. JUNI
▶ *Noche de San Juan:* In der Johannisnacht springen die jungen Madrider übers Feuer, z. B. auf der Plaza Dos de Mayo und auf dem <mark>INSIDER TIPP</mark> ▶ Platz hinter der Kirche San Francisco el Grande.

ENDE JUNI/ANFANG JULI
▶ *Día del Orgullo Gay:* Die Schwulendemo in Chueca hat sich zum größten Volksfest Madrids entwickelt. *www.madridorgullo.com*

JULI/AUGUST
▶ *Veranos de la Villa:* Theater, Musik und Tanz in der ganzen Stadt. *veranosdelavilla.esmadrid.com*

ERSTE AUGUSTHÄLFTE
▶ *Verbena de la Paloma/San Cayetano/San Lorenzo:* die bodenständigsten Volksfeste rund um die Plaza Cascorro im Rastroviertel und in Lavapiés

SEPTEMBER
▶ *La Noche en Blanco:* Museumsnacht mit freiem Eintritt und riesigem Veranstaltungsprogramm. *lanocheenblanco.esmadrid.com*

ENDE OKTOBER–JUNI
▶ *Festival de Otoño a Primavera:* Kulturfestival mit vielen Gastspielen internationaler Bühnen. *www.madrid.org/fo*

NOVEMBER
▶ *Madrid en Danza:* internationales Tanzfestival auf verschiedenen Bühnen.

DEZEMBER
▶ *Weihnachtsmarkt* auf der Plaza Mayor.
▶ *Silvesterfeier* auf der Puerta del Sol – ein nationales TV-Ereignis

LINKS, BLOGS, APPS & MORE

LINKS

▶ www.monumentamadrid.es Im vordigitalen Zeitalter hätte man für diese Sammlung mindestens einen Regalmeter gebraucht. Zu praktisch jedem Haus, das von historischem Interesse ist, gibt es hier Fotos und Texte – Letztere leider nur auf Spanisch

▶ lanocheenblanco.esmadrid.com In Madrid machen immer alle alles zur gleichen Zeit. Das gilt auch für die Musuemsnacht *La Noche en Blanco.* Wer will da noch behaupten, Kunst und Kultur seien nichts für die Masse

▶ www.centraldereservas.com Die spanische Alternative zu den internationalen Hotelbuchungsportalen listet (auch auf Deutsch) für Madrid mehr als 300 Hotels auf

▶ www.deflamenco.com Die beste Flamencoadresse im Netz, auch auf Englisch

▶ www.marcopolo.de/madrid Interaktive Karten inklusive Planungsfunktion, Impressionen aus der Community, aktuelle News und Angebote

▶ www.30madrid.com Die ultimative Website für alle, die aufs Geld schauen müssen und bei der Unterkunft auf Komfort verzichten können: übernachten für höchstens 30 Euro pro Person

BLOGS & FOREN

▶ www.allmadrid.com/blog Ausführlicher, sehr aktueller Blog auf Englisch. Küche und Geschichte, News und Events und Links für Reisende und Reiseplaner

▶ www.blogginmadrid.com In diesem sozusagen offiziellen Blog der Stadt Madrid geht es um typische und aktuelle Themen wie Fußball, Sehenswürdigkeiten und Veranstaltungen

▶ blogs.faz.net/sancho Paul Ingendaay, Kulturkorrespondent der FAZ, schreibt wortgewandt über aktuelle Ereignisse der spanischen Politik und Gesellschaft. Sehr lesenswert

Egal, ob Sie sich vorbereiten auf Ihre Reise oder vor Ort sind: Mit diesen Adressen finden Sie noch mehr Informationen, Videos und Netzwerke, die Ihren Urlaub bereichern. Da manche Adressen extrem lang sind, führt Sie der kürzere short.travel-Code direkt auf die beschriebenen Websites

VIDEOS & PODCASTS

▶ short.travel/mad2 *Radio Círculo* ist ein mehrsprachiges lokales Kulturradio vom Madrider Círculo de Bellas Artes

▶ short.travel/mad3 Seit 1963 baut Justo Gallego Martínez im Madrider Vorort Mejorada del Campo mit einfachsten Mitteln an einer Kathedrale. Ohne Plan, ohne Baugenehmigung, nur mit Gottvertrauen. Die Geschichte eines Verrückten oder Heiligen

▶ short.travel/mad4 Die Rituale der *Semana Santa,* der Karwoche, wird man als Nichtspanier wohl nie wirklich verstehen. Auf diesem Video wird die Christusfigur Jesús del Gran Poder mit einem klagenden Gesang, einer *saeta*, bedacht

APPS

▶ EMT Madrid Mit der kostenlosen App der Madrider Verkehrsbetriebe findet man die nächste Haltestelle, bekommt Infos zu den jeweiligen Linien und welches die schnellste Verbindung ist

▶ MARCO POLO Travel Guide Madrid Die App fürs Smartphone leitet Sie dank Routingfunktion auch ohne Internetverbindung zuverlässig durch den Großstadtdschungel. Sie finden Sehenswertes, Tipps zu Essen & Trinken, Am Abend, Übernachten, aber auch Vorschläge für Touren, die in der Karte angezeigt sind. Oder noch besser: Stellen Sie Ihre eigenen Touren nach Lust und Laune zusammen!

▶ Madrid Club Guide Mit dieser App plant man die Madrider Nächte – der Guide beschreibt die Clubs der Stadt

NETWORK

▶ short.travel/mad5 Manche hassen den Verein ja, für andere sind die Königlichen das Maß der Dinge: Seit Mesut Özil bei Real Madrid zaubert, ist das Interesse in Deutschland wieder groß. Auf dieser Facebook-Site kann man sich austauschen

▶ twitter.com/el_pais Wissen, was läuft, in der Welt, in Spanien, in Madrid: Für Spanienfans ist der Twitterdienst der Tageszeitung El País genau das Richtige

▶ www.globalzoo.de „Die Reisecommunity" nennt sich das Portal – Foren, Blogs und Tipps. „Spanien" oder „Madrid" als Suchwort eingeben

PRAKTISCHE HINWEISE

ANREISE & ANKUNFT

Züge aus dem Norden laufen im Bahnhof Chamartín ein, Züge aus Barcelona und dem Süden im Bahnhof Atocha. Von hier aus bringt Sie die Metro ans Ziel.

Direktflüge nach Madrid bieten Lufthansa (www.lufthansa.com) von Hamburg, Düsseldorf, Frankfurt und München, Iberia (www.iberia.com) von Berlin, Düsseldorf, Frankfurt und München, Swiss (www.swiss.com) von Zürich, Lan (www.lan.com) von Frankfurt, Ryanair (www.ryanair.com) von Dortmund und Düsseldorf/Weeze sowie Easyjet (www.easyjet.com) von Berlin und Basel. Air Berlin (www.airberlin.com) und Niki (www.

GRÜN & FAIR REISEN

Auf Reisen können auch Sie mit einfachen Mitteln viel bewirken. Behalten Sie nicht nur die CO_2-Bilanz für Hin- und Rückflug im Hinterkopf (www.atmosfair.de), sondern achten und schützen Sie auch nachhaltig Natur und Kultur im Reiseland (www.gate-tourismus.de; www.zukunft-reisen.de; www.ecotrans.de). Gerade als Tourist ist es wichtig, auf Aspekte zu achten wie Naturschutz (www.nabu.de; www.wwf.de), regionale Produkte, Fahrradfahren (statt Autofahren), Wassersparen und vieles mehr. Wenn Sie mehr über ökologischen Tourismus erfahren wollen: europaweit www.oete.de; weltweit www.germanwatch.org

flyniki.com) fliegen von den wichtigsten deutschen, österreichischen und schweizerischen Flughäfen mit Umstieg in Palma de Mallorca. Nach günstigen Flugverbindungen kann man auch auf Portalen wie swoodoo.com, lastminute.com, opodo.de, check24.de, billigflieger.de u. a. suchen.

Der Madrider Flughafen (www.aena.es) liegt im Stadtteil Barajas etwa 15 km im Osten der Stadt. Die Terminals T 1, T 2, T 3 und T 4 sind untereinander mit einem Shuttlebus verbunden. Der neue T 4, der von der Airline Iberia bedient wird, liegt einige Kilometer weiter nördlich. Der Terminal T 4S wiederum ist mit einer Airportbahn mit T 4 verbunden. Von hier kostet ein Taxi ins Zentrum rund 40 Euro; darin ist ein Flughafenzuschlag von 5,50 Euro enthalten, der auf dem Taxameter nicht erscheint. Vom alten Flughafengebäude (Terminals 1–3) rechnen Sie mit Taxikosten von ca. 30 Euro.

Eine Metrostation gibt es im alten Terminalgebäude und eine weitere im Terminal T 4. Am besten kaufen Sie gleich eine Zehnerkarte (genannt metrobus oder diez viajes) für 12,20 Euro, die Sie auch mit Ihren Mitreisenden teilen können. Für die Fahrt vom oder zum Flughafen muss jeder Fahrgast noch zusätzlich einen Flughafenzuschlag (suplemento aeropuerto) für 3 Euro ziehen – ohne dieses kommen Sie nicht durch die Schranken am Ausgang. Die Fahrt in die Innenstadt dauert etwa 30–40 Minuten.

Ein Airport-Express-Bus (www.emtmadrid.es/lineaAeropuerto/index.html) fährt von den Terminals 4, 2 und 1 alle 20 (nachts alle 35) Minuten zur Metrostation O'Donnell (Linie 6), zur Plaza de Cibeles und (nur zwischen 6 und 23.30

Von Anreise bis Zoll

Urlaub von Anfang bis Ende: die wichtigsten Adressen und Informationen für Ihre Madridreise

Uhr) zum Bahnhof Atocha. Der Transfer dauert ca. 40 Minuten, das Ticket kostet 5 Euro.

AUSKUNFT VOR DER REISE

SPANISCHES FREMDENVERKEHRSAMT
– *Lietzenburger Str. 99 | 10707 Berlin | Tel. 030 8 82 65 43*
– *Walfischgasse 8 | 1010 Wien | Tel. 01 5 12 95 80 11*
– *Seefeldstrasse 19 | 8008 Zürich | Tel. 0800 10 10 50 50*

WEBSITES MIT ALLGEMEINEN INFOS
– *www.spain.info:* Website des Spanischen Fremdenverkehrsamts
– *www.esmadrid.com:* Website der Stadt für Tourismus und Aktivitäten
– *www.turismomadrid.es:* die Website der Region Madrid
– *www.descubremadrid.com:* touristisches Portal der Handelskammer
– *www.madriderzeitung.com:* nützliche Informationen und aktuelle Nachrichten aus der Hauptstadt

AUSKUNFT IN MADRID

OFICINAS DE TURISMO
Stadt Madrid: (118 C3) (*ⓜ E5*) *Plaza Mayor 27 | Tel. 9 14 54 44 10 | Metro 1, 2, 3 Sol | tgl. 9.30–20.30 Uhr*
Comunidad de Madrid (für Madrid und Umgebung): (119 E3) (*ⓜ G5*) *C/ Duque de Medinaceli 2 | Tel. 9 02 10 00 07 (*) | Metro 2 Banco de España | Mo–Sa 8–20, So 9–14 Uhr*
Darüber hinaus finden Sie Infokioske u. a. an der Plaza de Cibeles, der Plaza de Callao und am Flughafen in den Terminals 2 und 4 im Ankunftsbereich.

DIPLOMATISCHE VERTRETUNGEN

DEUTSCHE BOTSCHAFT
(124 C3) (*ⓜ G2*)
C/ Fortuny 8 | Tel. 9 15 57 90 95 | www.madrid.diplo.de | Metro 4 Colón

ÖSTERREICHISCHE BOTSCHAFT
(120 C3) (*ⓜ 0*)
Paseo de la Castellana 91 | Tel. 9 15 56 53 15 | www.bmaa.gv.at/madrid | Metro 10 Santiago Bernabéu

SCHWEIZER BOTSCHAFT
(125 D3) (*ⓜ H–J3*)
C/ Núñez de Balboa 35 | Tel. 9 14 36 39 60 | www.eda.admin.ch/madrid | Metro 4 Velázquez

GELD & KREDITKARTEN

Bankfilialen mit Geldautomat *(cajero automático)* gibt es an fast jeder Ecke. Die meisten Hotels und Restaurants sowie viele Geschäfte akzeptieren Kreditkarten, am verbreitetsten sind Visa und Mastercard.

GESUNDHEIT

Falls Sie dringend einen Arzt brauchen, erkundigen Sie sich nach dem nächsten Krankenhaus *(hospital)* mit einer Notaufnahme *(urgencia)*. Rechnen Sie dort mit einiger Wartezeit. Das spanische Gesundheitssystem ist medizinisch auf der Höhe der Zeit, aber tendenziell überlastet. Mit der Europäischen Krankenversicherungskarte (EHIC) auf der Rückseite Ihrer Versichertenkarte sind Sie auch in Spanien versichert. Wenn Sie sich in einer privaten Praxis oder einer Privatklinik behandeln lassen, zahlen Sie an Ort und Stelle und reichen die Rechnungen dann zu Hause zur Erstattung ein. Eventuell ist der Abschluss einer Reisekrankenversicherung sinnvoll.

WAS KOSTET WIE VIEL?

Kaffee	**um 1,80 Euro** *für einen café solo*
Imbiss	**ab 1,80 Euro** *für eine kleine Tapa*
Wein	**um 2,50 Euro** *für ein Glas*
Diskothek	**ab 15 Euro** *für den Eintritt am Wochenende*
Metro	**1,50–2 Euro** *für eine einfache Fahrt*
Museum	**14 Euro** *für den Eintritt zum Prado*

INTERNETZUGANG & WLAN

Das kabellose Internet heißt in Spanien *wi-fi.* Im Zentrum haben Sie mehrere Möglichkeiten, sich umsonst mit dem Internet zu verbinden, so auf der *Plaza Mayor* (118 B–C3) (*Metro E4–5*) (Metro 1, 2, 3 Sol), der *Plaza de Santo Domingo* (118 B1–2) (*Metro E4*) (Metro 2 Santo Domingo), der *Plaza de Olavide* (124 A2) (*Metro F2*) (Metro 1, 4 Bilbao) und um die *Biblioteca Nacional* (124 C4) (*Metro G–H3*) (Paseo de Recoletos 20–22 | Metro 4 Colón).
Für 30 Minuten ist der Zugang umsonst bei Kiosken, die den Hinweis *wi-fi* tragen, sowie in einigen Stadtbussen. Kunden von McDonald's und Starbucks können sich an der Kasse einen Zugangscode geben lassen.

Hotels und *hostales* bieten inzwischen fast alle Internetzugang an, einige jedoch nur gegen Gebühr. Entspannt surfen lässt es sich auch in den Lounges des *Centro Centro* im Palacio de Cibeles an der Plaza de Cibeles (119 F2) (*Metro G4*).

MADRID CARD

In den *oficinas de turismo,* in vielen Reisebüros und im Internet bekommen Sie die Madrid Card, die zum freien Eintritt in fast alle Madrider Museen und zur Bernabéu-Tour berechtigt. Karteninhaber haben zudem keine Wartezeiten etwa im Prado oder im Thyssen-Bornemisza-Museum. Außerdem kann man an einer Stadtführung teilnehmen oder Rabatte für Restaurants, Shops oder für ein Flamenco-*tablao* nutzen. Die Karte kostet 44 Euro für einen Tag, 54 Euro für zwei, 64 Euro für drei und 74 Euro für fünf Tage (Kinder von sechs bis zwölf Jahren 29/36/39/45 Euro). Sie können die Madrid Card auch zusammen mit einem Zeitticket für den öffentlichen Nahverkehr bzw. für den *bus turístico* bekommen. Für zwei Tage kostet sie dann beispielsweise 68,20 Euro. *www.madridcard.com*

NOTRUF

Polizei, Feuerwehr, Rettungswagen *Tel. 112*

ÖFFENTLICHE VERKEHRSMITTEL

Die Metro (*www.metromadrid.es*) ist das beste Fortbewegungsmittel in Madrid. Die 15 Linien (Übersichtsplan in der hinteren Umschlagklappe) sind ungefähr von 6 Uhr morgens bis 2 Uhr nachts in Betrieb. In den Hauptverkehrszeiten kommen die Bahnen etwa alle drei bis fünf Minuten, am späten Abend dauert es bis zu 15 Minuten. Von der Plaza de Cibeles starten zwischen 0 und 6 Uhr 26 Nachtbuslinien in die Vororte.

Ein Einzelfahrschein kostet je nach Entfernung 1,50–2 Euro, eine Zehnerkarte *(metrobus* bzw. *diez viajes)* 12,20 Euro – im Eingangsbereich jeder Station am Automaten zu ziehen. Während einer Fahrt können Sie so oft umsteigen, wie Sie wollen. Die Zehnerkarte gilt auch für die roten Linienbusse der Madrider Stadtwerke EMT *(www.emtmadrid.es),* in denen muss allerdings nach jedem Umsteigen neu gelöst oder entwertet werden. *Abono turístico* nennt sich ein 1-, 2-, 3-, 5- oder 7-Tage-Ticket (8,40–35,40 Euro, Kinder von vier bis elf Jahren die Hälfte). Meist genügt die Zone A, Zone T (17–70,80 Euro) braucht nur, wer auch das Umland erkunden will.

Die *trenes de cercanía* der Eisenbahngesellschaft Renfe *(www.renfe.es)* entsprechen der deutschen S-Bahn. Ihre Bahnhöfe sind mit einem gekippten weißen C auf rotem Grund gekennzeichnet. Das *metrobus*-Ticket gilt nicht für die *cercanías.*

PARKEN

Wer Madrid mit dem Auto besucht, sollte ein Hotel mit Garagenplatz reservieren. Mit grünen Strichen gekennzeichnete Stellplätze sind für Anwohner reserviert, für Besucher die blau markierten Plätze.

POST

Die Öffnungszeiten der Postämter *(oficinas de correos)* sind gewöhnlich *Mo–Fr*

BÜCHER & FILME

▶ **Die sterblich Verliebten** – Jeden Morgen beobachtet María in einem Madrider Café ein allem Anschein nach perfektes Paar. Sie ist fasziniert, doch dann geschieht etwas Schreckliches. Ein meisterlicher Roman von Javier Marías über die Liebe und den Tod

▶ **Der lange Marsch/Der Fall von Madrid/Alte Freunde** – Rafael Chirbes' Romantrilogie beschreibt anhand eines Freundes- und Familienkreises in Madrid den gesellschaftlichen Wandel Spaniens von der Diktatur Francos in einen modernen europäischen Staat. Ein anspruchsvolles Meisterwerk

▶ **Die Metropole der langen Nächte** – In kurzen Kapiteln beschreibt Peter Burghardt, ehemaliger Korrespondent der Süddeutschen Zeitung, das Madrid von heute – eine ideale Lektüre zur Einstimmung

▶ **Goyas Geister** – Der Film von 2006 mit Javier Bardem und Natalie Portman führt mit dem Ausnahmekünstler Francisco de Goya in die Umbruchzeit des ausgehenden 18. Jhs.: Die spanische Inquisition trifft auf die Französische Revolution. Als ideale Kulisse diente Milos Forman u. a. der Retiropark

▶ **Abre los ojos** – Der erfolgreichste spanische Regisseur neben Altmeister Pedro Almodóvar ist Alejandro Amenábar: In diesem Mysterydrama von 1997 sind einige der ungewöhnlichsten Bilder von Madrid zu sehen, etwa eine völlig leer gefegte Gran Vía

8.30–14.30, Sa 9.30–13 Uhr. Schneller bekommt man Briefmarken im *estanco* (Tabakladen). Porto ins europäische Ausland 75 Cent. *www.correos.es*

STADTFÜHRUNGEN & STADTRUNDFAHRTEN

Madrid City Tour bietet ganzjährig – mit Ausnahme des 1. Januar – zwei unterschiedliche Besichtigungstouren („Das historische Madrid" und „Das moderne Madrid") im ● offenen Doppeldeckerbus durch Madrid. Gemeinsame Haltestelle beider Routen an der *Fuente Neptuno* (119 F3) (*M G5*) neben dem Prado, an der *Plaza de Cibeles* (119 F2) (*M G4*) und an der *Plaza de Colón* (124 C4) (*M G3*). Alle acht bis 15 Minuten (tagsüber, im Sommer auch bis spätestens 22 Uhr) kommt ein Bus vorbei. Das gemeinsame Ticket für beide Routen kostet 21 Euro, für

zwei Tage 25 Euro. Sie zahlen im Bus und können jederzeit aus- und wieder zusteigen. Ein Audioführer (auch auf Deutsch) erklärt die Sehenswürdigkeiten. *www.madridcitytour.es*

Vom *Centro de Turismo de Madrid* (118 B3) (*M E5*) (*Plaza Mayor 27 | Metro 1, 2, 3 Sol*) starten täglich mehrere Stadtführungen und Touren. Zu Fuß oder auf dem Rad geht es mit *Madrid Imprescindible (ab 5,90 Euro | www.esmadrid.com)* auf Entdeckungstour. Auf Deutsch steht jeden Freitag ab 18 Uhr ein Altstadtbummel auf dem Programm. Wer sich zutraut, auch einer Tour auf Englisch oder Spanisch zu folgen, kann etwa per Rad die wichtigsten Altstadthighlights oder zu Fuß die Geheimnisse des Retiro kennenlernen.

Kompetente individuelle deutschsprachige Stadtspaziergänge oder Führungen durch den Prado oder andere Muse-

WETTER IN MADRID

	Jan.	Feb.	März	April	Mai	Juni	Juli	Aug.	Sept.	Okt.	Nov.	Dez.
Tagestemperaturen in °C	8	11	14	18	22	27	31	30	25	19	12	9
Nachttemperaturen in °C	1	2	4	7	10	14	17	17	13	9	4	2
Sonnenschein Stunden/Tag	5	6	6	8	9	11	13	11	9	6	5	5
Niederschlag Tage/Monat	7	7	8	7	6	4	2	1	4	6	8	7

en bietet *Madrid a tu Aire (www.madrid atuaire.com)* an.

Trixi Madrid (119 D2) *(m F4) (22 Euro | C/ Jardines 12 | www.trixi.com | Metro 1, 2, 3 Sol)* bietet dreistündige Fahrradführungen auf Englisch zu den wichtigsten Sehenswürdigkeiten an. Flott und weniger anstrengend, aber um einiges teurer ist die dreistündige Segwaytour mit *Madsegs Tours (65 Euro | www.madsegs. com).*

TAXIS

Taxifahren ist vergleichsweise billig in Madrid. Wenn auf dem Dach des Taxis das grüne Licht leuchtet, ist es frei. Das Taxameter startet bei 2,15 Euro. Für Fahrten vom und zum Flughafen ist ein Aufschlag von 5,50 Euro zu zahlen, für Fahrten von Bahnhöfen ein Zuschlag von 3 Euro. Von 22 bis 6 Uhr sowie an Sonn- und Feiertagen kostet die Fahrt mehr. Taxiruf *Tel. 915 47 82 00*

TELEFON & HANDY

Vorwahlen aus Spanien: Deutschland *0049*, Österreich *0043*, Schweiz *0041*, danach lassen Sie die erste Null der Ortsvorwahl weg. Bei Anrufen aus dem Ausland nach Spanien wählen Sie die Vorwahl *0034* und dann die komplette Rufnummer. Innerhalb Spaniens wählen Sie auch bei Ortsgesprächen immer die gesamte neunstellige Nummer. Spanische Mobiltelefonnummern fangen mit einer 6 an.

Die Telefonzellen der Telefónica akzeptieren sowohl Münzen als auch Telefonkarten. Um den teuren Gesprächsgebühren der Hotels zu entgehen, lohnt der Kauf einer Prepaidkarte *(tarjeta prepagada)* im *estanco.* Mobiltelefone tun problemlos ihren Dienst, das Roaming ist aber teuer. Beim Anbieter Orange kostet eine spanische Prepaid-Sim-Karte derzeit 10 Euro, jedes nationale Gespräch wird mit 9 Cent pro Minute berechnet.

TRINKGELD

Zahlen Sie nur so viel Trinkgeld, wie Sie für richtig halten. Der Kellner bringt Ihnen zunächst immer das Wechselgeld auf einem Tellerchen, darauf können Sie dann ggf. ein paar Münzen liegen lassen. In Restaurants sind fünf bis zehn Prozent üblich. Im Taxi runden Sie auf, einem Kofferträger oder dem Zimmermädchen im Hotel geben Sie 1–2 Euro.

VERANSTALTUNGSHINWEISE & VORVERKAUF

Das Kulturprogramm finden Sie in der Wochenzeitschrift Guía del Ocio *(www. guiadelocio.com/madrid)* oder in der Freitagsbeilage Metropoli der Tageszeitung El Mundo *(www.metropoli.com).* Konzerte sind montags im Lokalteil von El País aufgelistet. Einen kostenlosen Veranstaltungskalender verteilen auch die *oficinas de turismo.*

Fußball- und Stierkampftickets gibt es gegen rund 20 Prozent Aufschlag bei *Localidades Galicia* (118–119 C–D 1–2) *(m F4) (Plaza del Carmen 1 | Tel. 915 31 91 31 | www.bullfightticketsmadrid.com | Metro 1, 2, 5 Gran Vía, Sol).* Viele Konzert- und Theaterkarten können Sie unter *www. entradas.com* oder *www.ticketmaster. es* buchen.

ZOLL

Innerhalb der EU dürfen alle Waren für den privaten Verbrauch frei ein- und ausgeführt werden; Richtwerte hierfür sind z. B. 800 Zigaretten, 10 l Spirituosen und 90 l Wein. Für Schweizer gelten erheblich geringere Freimengen.

SPRACHFÜHRER SPANISCH

AUSSPRACHE

c	vor „e" und „i" stimmloser Lispellaut wie englisches „th"
ch	stimmloses „tsch" wie in „tschüss"
g	vor „e, i" wie deutsches „ch" in „Bach"
gue, gui/que, qui	das „u" ist stumm, wie deutsches „ge", „gi"/„ke", „ki"
j	immer wie deutsches „ch" in „Bach"
ll, y	wie deutsches „j"
ñ	wie deutsches „nj"

AUF EINEN BLICK

ja/nein/vielleicht	sí/no/quizás
bitte/danke	por favor/gracias
Hallo!/Auf Wiedersehen!/Tschüss!	¡Hola!/¡Adiós!/¡Hasta luego!
Gute(n) Morgen!/Tag!/Abend!/Nacht!	¡Buenos días!/¡Buenos días!/¡Buenas tardes!/¡Buenas noches!
Entschuldige!/Entschuldigen Sie!	¡Perdona!/¡Perdone!
Darf ich ...?	¿Puedo...?
Wie bitte?	¿Cómo dice?
Ich heiße ...	Me llamo...
Wie heißen Sie?/Wie heißt Du?	¿Cómo se llama usted?/¿Cómo te llamas?
Ich komme aus ...	Soy de...
Deutschland/Österreich/Schweiz	Alemania/Austria/Suiza
Ich möchte .../Haben Sie ...?	Querría.../¿Tiene usted...?
Wie viel kostet ...?	¿Cuánto cuesta...?
Das gefällt mir (nicht).	Esto (no) me gusta.
gut/schlecht	bien/mal
kaputt/funktioniert nicht	roto/no funciona
zu viel/viel/wenig/alles/nichts	demasiado/mucho/poco/todo/nada
Hilfe!/Achtung!/Vorsicht!	¡Socorro!/¡Atención!/¡Cuidado!
Krankenwagen/Polizei/Feuerwehr	ambulancia/policía/bomberos
Darf ich hier fotografieren?	¿Podría fotografiar aquí?

DATUMS- & ZEITANGABEN

Montag/Dienstag/Mittwoch	lunes/martes/miércoles
Donnerstag/Freitag/Samstag	jueves/viernes/sábado
Sonntag/Werktag/Feiertag	domingo/laborable/festivo

¿Hablas español?

„Sprichst du Spanisch?" Dieser Sprachführer hilft Ihnen, die wichtigsten Wörter und Sätze auf Spanisch zu sagen

heute/morgen/gestern	hoy/mañana/ayer
Stunde/Minute/Sekunde/Augenblick	hora/minuto/segundo/momento
Tag/Nacht/Woche/Monat/Jahr	día/noche/semana/mes/año
jetzt/sofort/früher/später	ahora/enseguida/antes/después
Wie viel Uhr ist es?	¿Qué hora es?
Es ist drei Uhr./Es ist halb vier.	Son las tres./Son las tres y media.
Viertel vor vier/Viertel nach vier	cuatro menos cuarto/ cuatro y cuarto

UNTERWEGS

offen/geschlossen/Öffnungszeiten	abierto/cerrado/horario
Eingang/Einfahrt/Ausgang/Ausfahrt	entrada/acceso/salida/salida
Abfahrt/Abflug/Ankunft	salida/salida/llegada
Toiletten/Damen/Herren	aseos/señoras/caballeros
frei/besetzt	libre/ocupado
(kein) Trinkwasser	agua (no) potable
Wo ist ...? / Wo sind ...?	¿Dónde está...? / ¿Dónde están ...?
links/rechts	izquierda/derecha
geradeaus/zurück	recto/atrás
nah/weit	cerca/lejos
Ampel/Ecke/Kreuzung	semáforo/esquina/cruce
Bus/Straßenbahn/U-Bahn/Taxi	autobús/tranvía/metro/taxi
Haltestelle/Taxistand	parada/parada de taxis
Parkplatz/Parkhaus	parking/garaje
Stadtplan/(Land-)Karte	plano de la ciudad/mapa
Bahnhof/Hafen/Flughafen	estación/puerto/aeropuerto
Fähre/Anleger	transbordador/muelle
Fahrplan/Fahrschein/Zuschlag	horario/billete/suplemento
einfach/hin und zurück	sencillo/ida y vuelta
Zug/Gleis/Bahnsteig	tren/vía/andén
Verspätung/Streik	retraso/huelga
Ich möchte ... mieten	Querría... alquilar
ein Auto/ein Fahrrad/ein Boot	un coche/una bicicleta/un barco
Tankstelle/Benzin/Diesel	gasolinera/gasolina/diesel
Panne/Werkstatt	avería/taller

ESSEN & TRINKEN

Reservieren Sie uns bitte für heute Abend einen Tisch für vier Personen.	Resérvenos, por favor, una mesa para cuatro personas para hoy por la noche.
auf der Terrasse/am Fenster	en la terraza/junto a la ventana
Die Speisekarte, bitte!	¡El menú, por favor!

Könnten Sie mir bitte ... bringen?	¿Podría traerme... por favor?
Flasche/Karaffe/Glas	botella/jarra/vaso
Messer/Gabel/Löffel	cuchillo/tenedor/cuchara
Salz/Pfeffer/Zucker	sal/pimienta/azúcar
Essig/Öl/Milch/Zitrone	vinagre/aceite/leche/limón
kalt/versalzen/nicht gar	frío/demasiado salado/sin hacer
mit/ohne Eis/Kohlensäure	con/sin hielo/gas
Vegetarier/Vegetarierin/Allergie	vegetariano/vegetariana/alergía
Ich möchte zahlen, bitte.	Querría pagar, por favor.
Rechnung/Quittung/Trinkgeld	cuenta/recibo/propina

EINKAUFEN

Apotheke/Drogerie	farmacia/droguería
Bäckerei/Markt	panadería/mercado
Metzgerei/Fischgeschäft	carnicería/pescadería
Einkaufszentrum/Kaufhaus	centro comercial/grandes almacenes
Geschäft/Supermarkt/Kiosk	tienda/supermercado/quiosco
100 Gramm/1 Kilo	cien gramos/un kilo
teuer/billig/Preis	caro/barato/precio
mehr/weniger	más/menos
aus biologischem Anbau	de cultivo ecológico

ÜBERNACHTEN

Ich habe ein Zimmer reserviert.	He reservado una habitación.
Haben Sie noch ...?	¿Tiene todavía...?
Einzelzimmer/Doppelzimmer	habitación individual/habitación doble
Frühstück/Halbpension/Vollpension	desayuno/media pensión/pensión completa
nach vorne/zum Meer/zum Garten	hacia delante/hacia el mar/hacia el jardín
Dusche/Bad	ducha/baño
Balkon/Terrasse	balcón/terraza
Schlüssel/Zimmerkarte	llave/tarjeta
Gepäck/Koffer/Tasche	equipaje/maleta/bolso
Schwimmbad/Spa/Sauna	piscina/spa/sauna
Seife/Toilettenpapier/Windel	jabón/papel higiénico/pañal
Babybett/Kinderstuhl/wickeln	cuna/trona/cambiar los pañales
Anzahlung/Kaution	anticipo/caución

BANKEN & GELD

Bank/Geldautomat/Geheimzahl	banco/cajero automático/número secreto
bar/Kreditkarte	en efectivo/tarjeta de crédito
Banknote/Münze/Wechselgeld	billete/moneda/cambio

GESUNDHEIT

Arzt/Zahnarzt/Kinderarzt	médico/dentista/pediatra
Krankenhaus/Notfallpraxis	hospital/urgencias
Fieber/Schmerzen/entzündet/verletzt	fiebre/dolor/inflamado/herido
Durchfall/Übelkeit/Sonnenbrand	diarrea/náusea/quemadura de sol
Pflaster/Verband/Salbe/Creme	tirita/vendaje/pomada/crema
Schmerzmittel/Tablette/Zäpfchen	calmante/comprimido/supositorio

TELEKOMMUNIKATION & MEDIEN

Briefmarke/Brief/Postkarte	sello/carta/postal
Ich brauche eine Telefonkarte.	Necesito una tarjeta telefónica.
Ich suche eine Prepaidkarte für mein Handy.	Busco una tarjeta prepago para mi móvil.
Wo finde ich einen Internetzugang?	¿Dónde encuentro un acceso a internet?
wählen/Verbindung/besetzt	marcar/conexión/ocupado
Steckdose/Adapter/Ladegerät	enchufe/adaptador/cargador
Computer/Batterie/Akku	ordenador/batería/batería recargable
E-Mail(-Adresse)/At-Zeichen	(dirección de) correo electrónico/arroba
Internetadresse (URL)	dirección de internet
Internetanschluss/WLAN	conexión a internet/wifi
Datei/ausdrucken	archivo/imprimir

ZAHLEN

0	cero	20	veinte
1	un, uno, una	21	veintiuno
2	dos	22	veintidós
3	tres	30	treinta
4	cuatro	40	cuarenta
5	cinco	50	cincuenta
6	seis	60	sesenta
7	siete	70	setenta
8	ocho	80	ochenta
9	nueve	90	noventa
10	diez	100	cien, ciento
11	once	200	doscientos, doscientas
12	doce	300	trescientos, trescientas
13	trece	400	cuatrocientos, cuatrocientas
14	catorce	500	quinientos, quinientas
15	quince	1000	mil
16	dieciséis	2000	dos mil
17	diecisiete	10 000	diez mil
18	dieciocho	1/2	medio
19	diecinueve	1/4	un cuarto

EIGENE NOTIZEN

MARCO ✹ POLO

Unser Urlaub

CITYATLAS

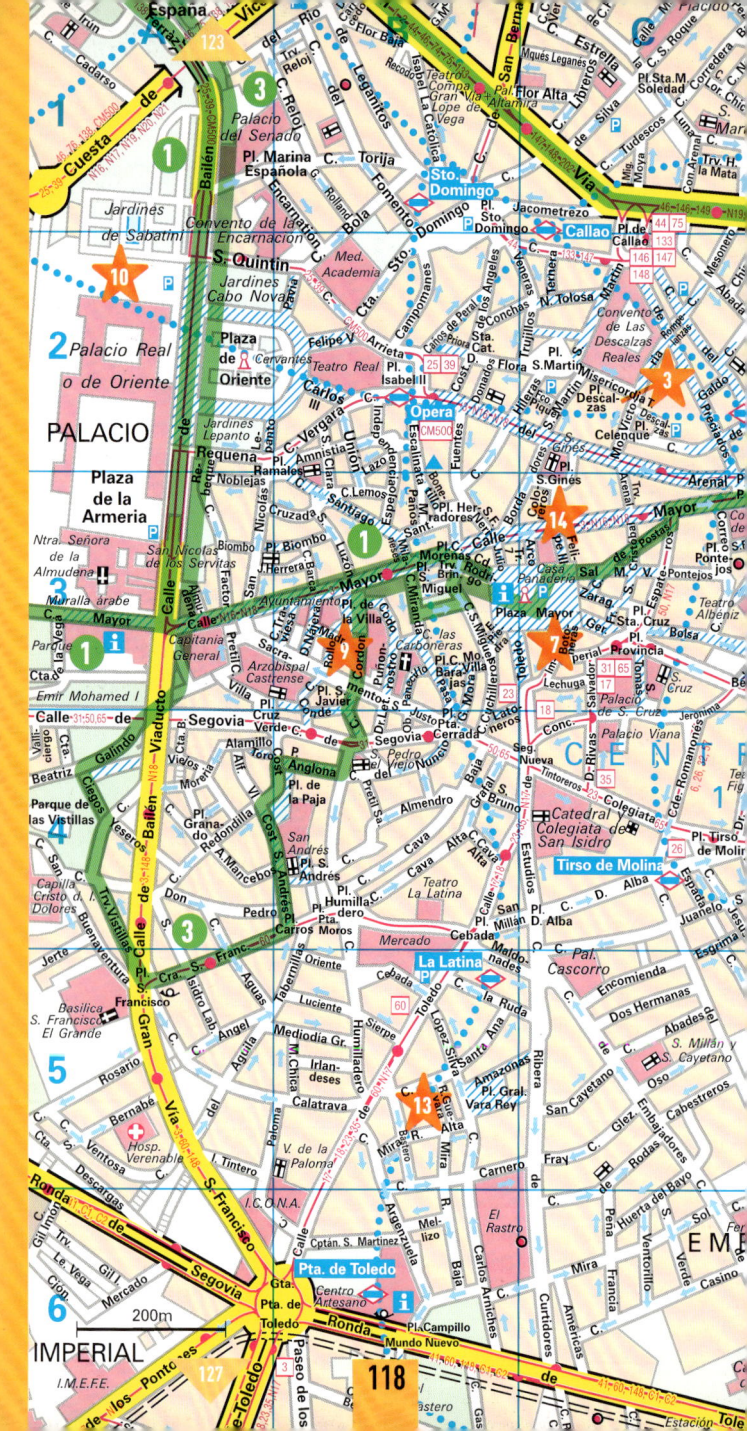

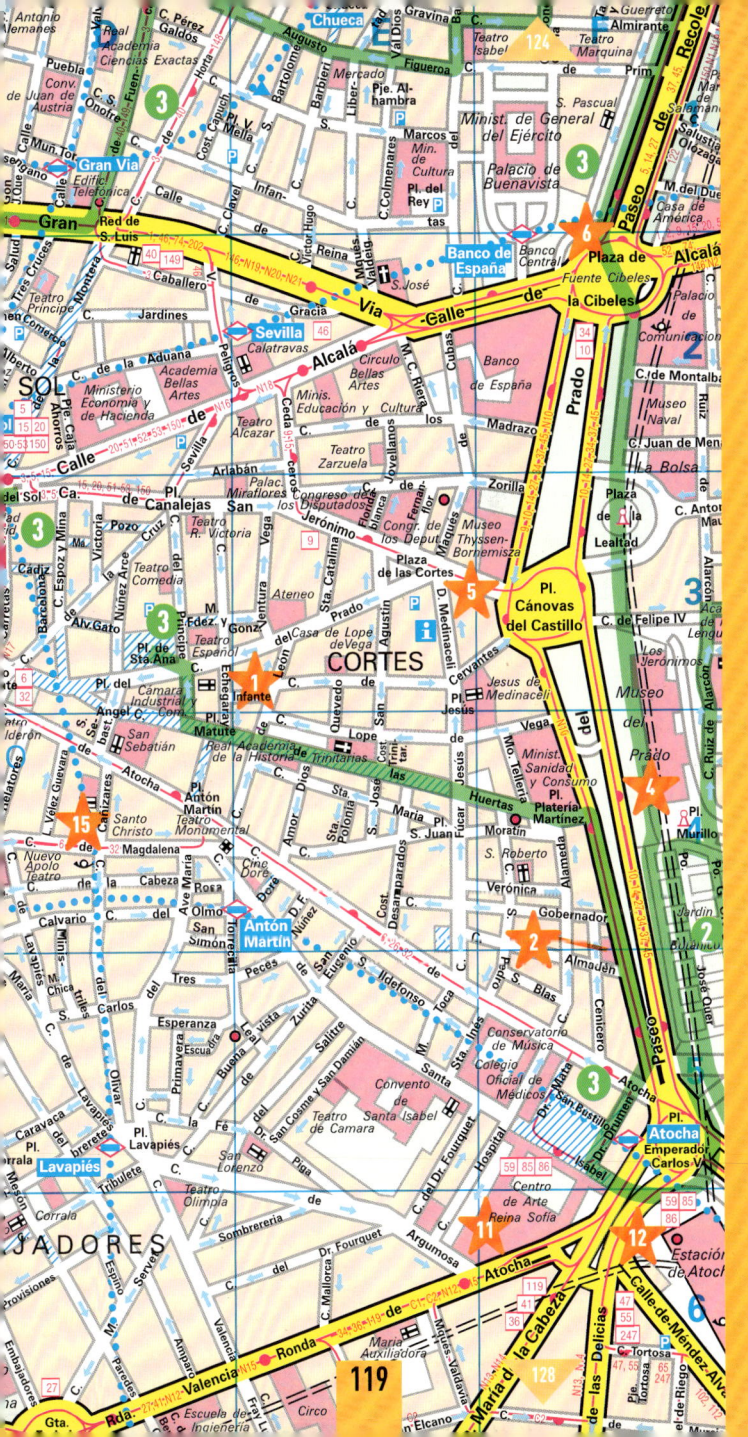

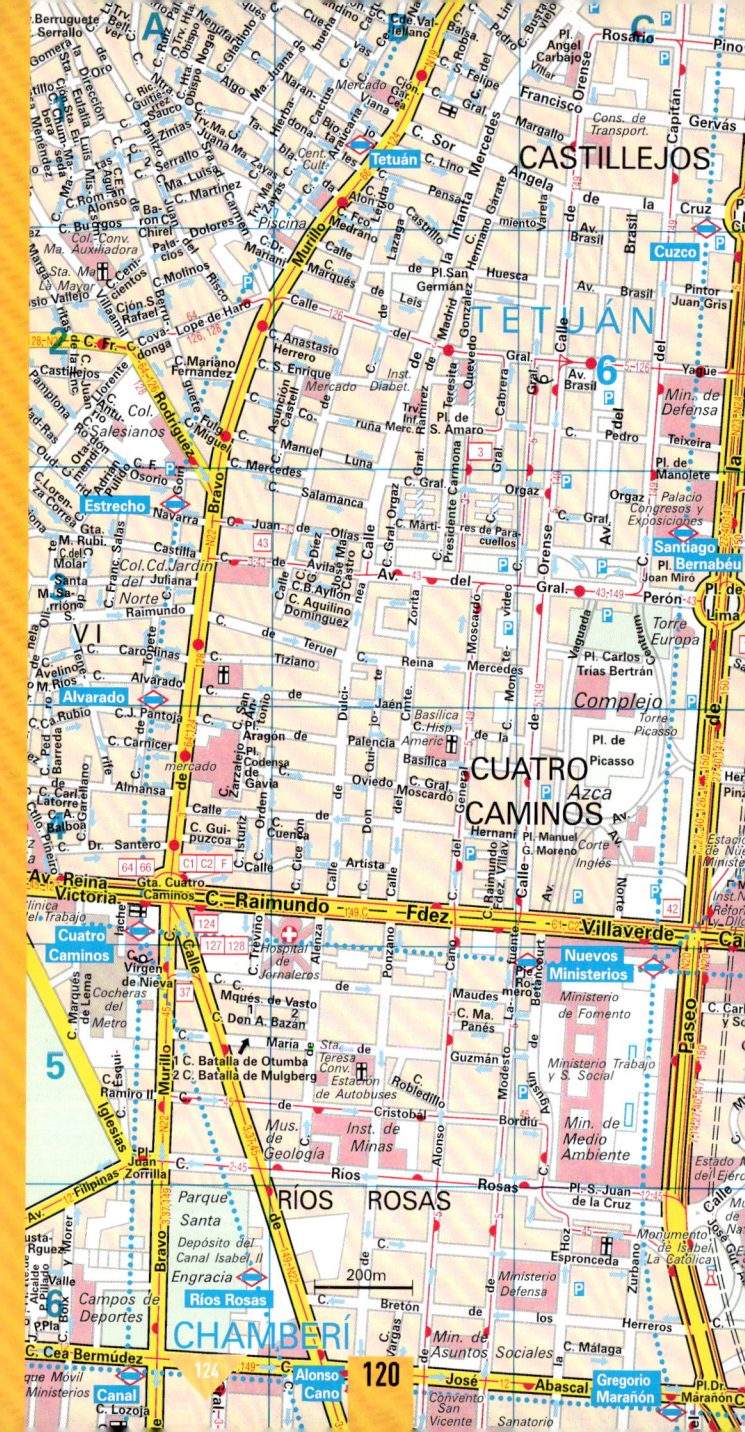

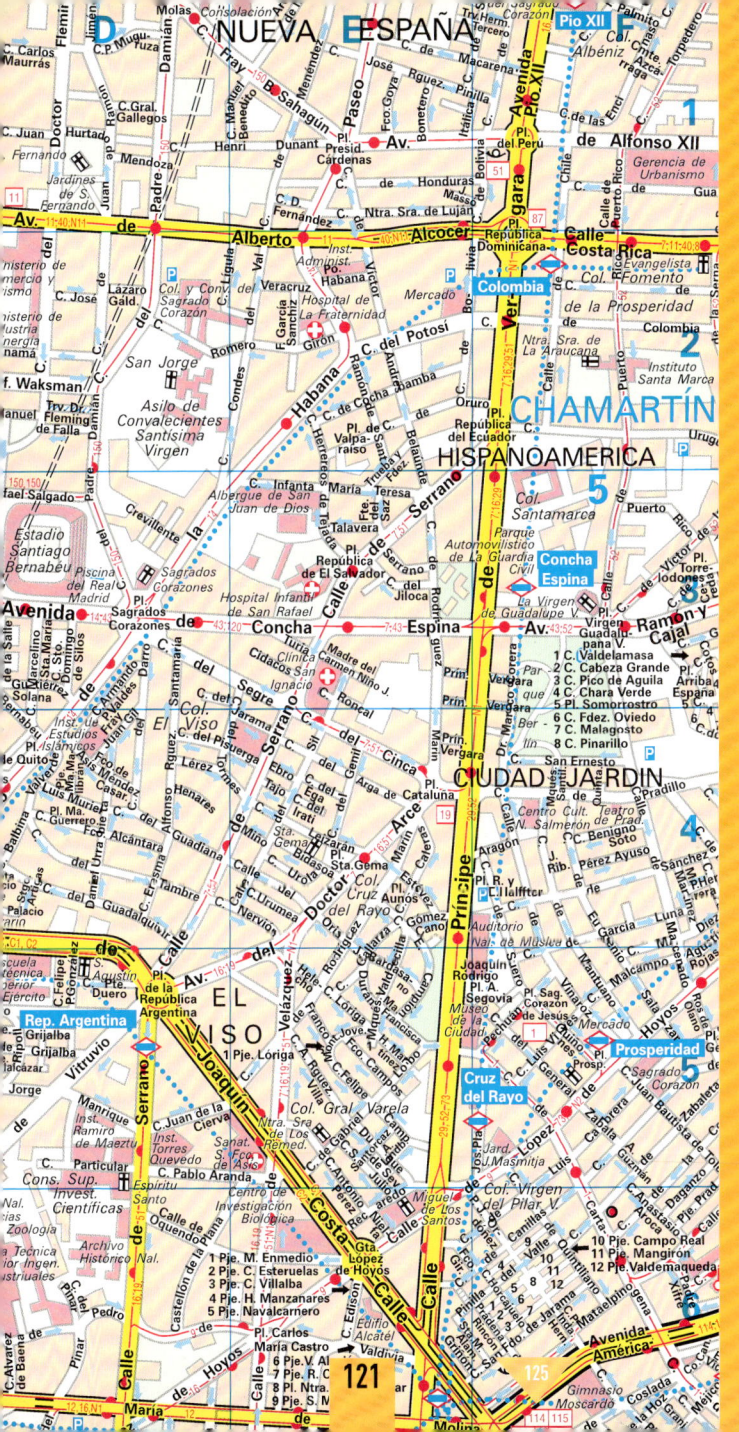

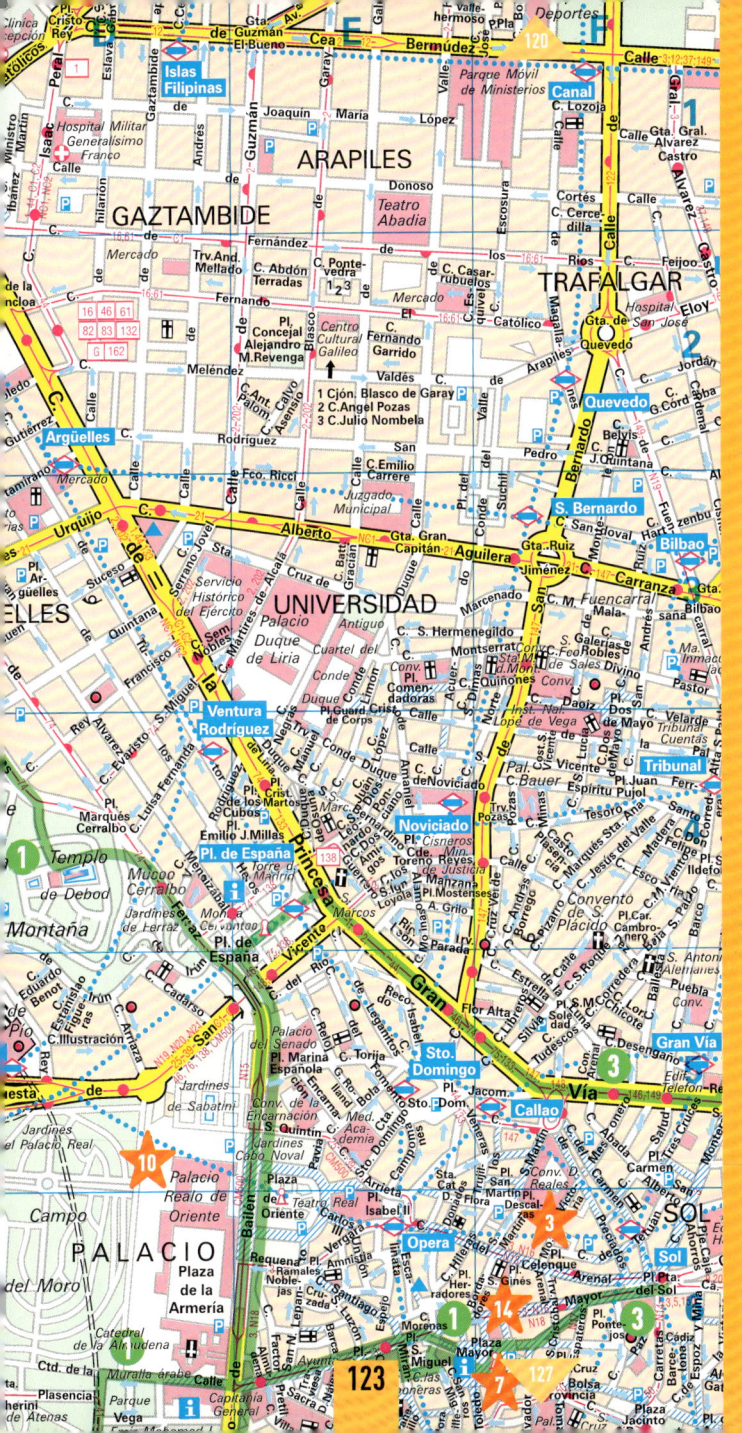

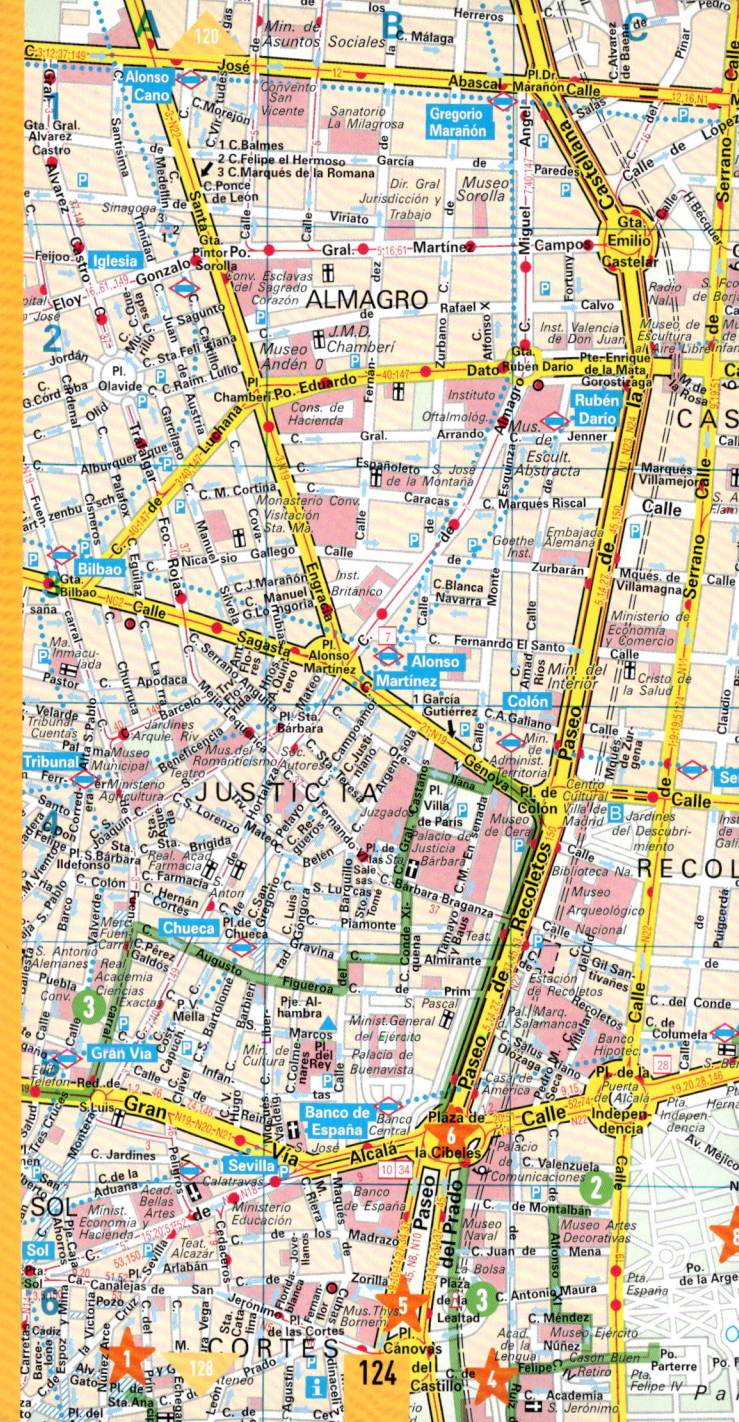

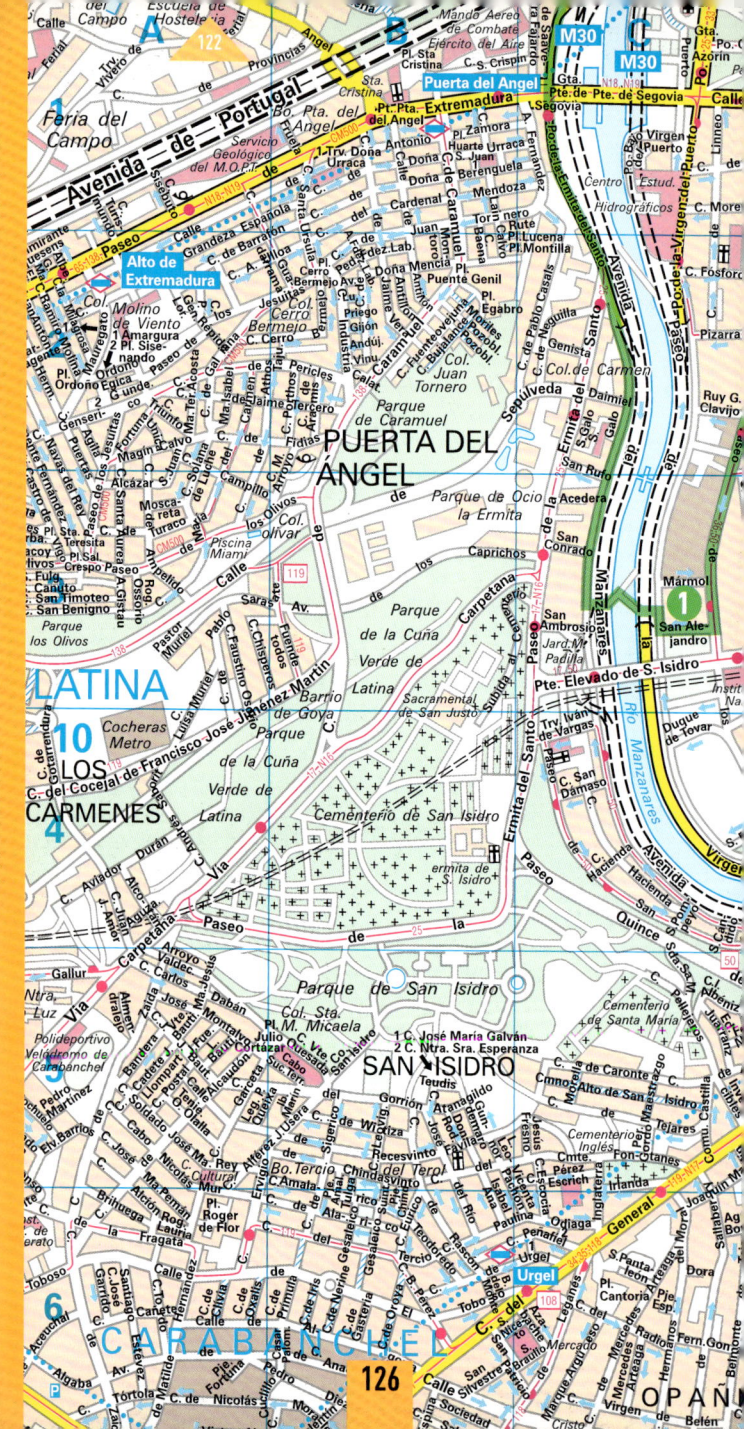

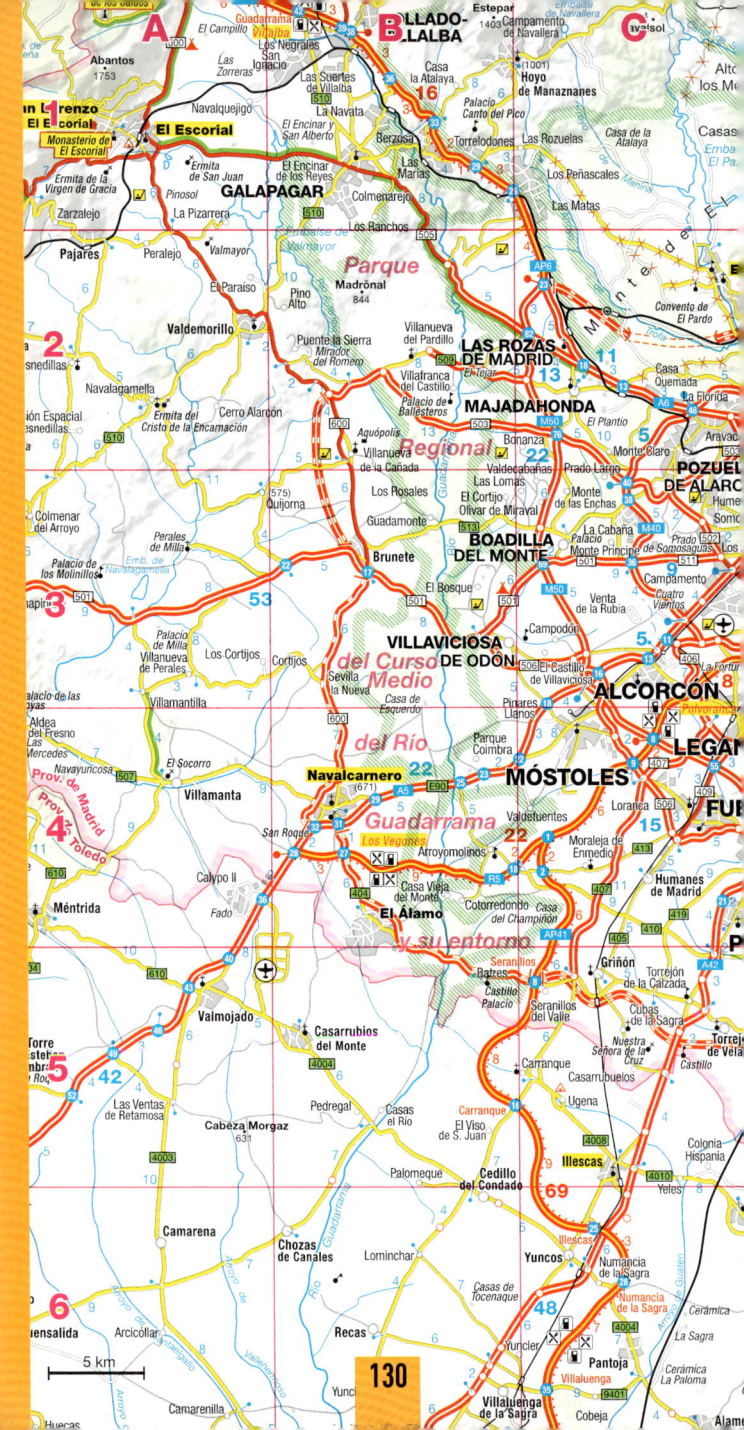

Autopista Autobahn		Motorway Autoroute
Carretera de cuatro carriles Vierspurige Straße		Road with four lanes Route à quatre voies
Carretera de tránsito Durchgangsstraße		Thoroughfare Route de transit
Carretera principal Hauptstraße		Main road Route principale
Otras carreteras Sonstige Straßen		Other roads Autres routes
Aparcamiento - Información Parkplatz - Information	P i	Parking place - Information Parking - Information
Calle de dirección única Einbahnstraße	←	One-way street Rue à sens unique
Zona peatonal Fußgängerzone		Pedestrian zone Zone piétonne
Ferrocarril principal con estación Hauptbahn mit Bahnhof		Main railway with station Chemin de fer principal avec gare
Otro ferrocarril Sonstige Bahn		Other railway Autre ligne
Subterráneo U-Bahn		Underground Métro
Tranvía - Ferry Straßenbahn - Autofähre		Tramway - Car ferry Tramway - Bac pour automobiles
Teleférico Kabinenschwebebahn		Aerial cableway Téléférique
Iglesia - Mezquita Kirche - Moschee	✠ C	Church - Mosque Église - Mosquée
Sinagoga Synagoge	✡	Synagogue Synagogue
Monumento Denkmal		Monument Monument
Comisaria de policia - Correos Polizeistation - Postamt	●	Police station - Post office Poste de police - Bureau de poste
Torre - Torre de radio Turm - Funkturm		Tower - Radio tower Tour - Tour radio
Hospital - Albergue juvenil Krankenhaus - Jugendherberge	✚ ▲	Hospital - Youth hostel Hôpital - Auberge de jeunesse
Zona edificada, edificio público Bebaute Fläche, öffentliches Gebäude		Built-up area, public building Zone bâtie, bâtiment public
Zona industrial Industriegelände		Industrial area Zone industrielle
Parque, bosque - Cementerio Park, Wald - Friedhof	+ +	Park, forest - Cemetery Parc, bois - Cimetière
Autobús al aeropuerto Flughafenbus	B	Airport bus Bus d'aéroport
Paseos urbanos Stadtspaziergänge		Walking tours Promenades en ville
MARCO POLO Highlight	⭐	MARCO POLO Highlight

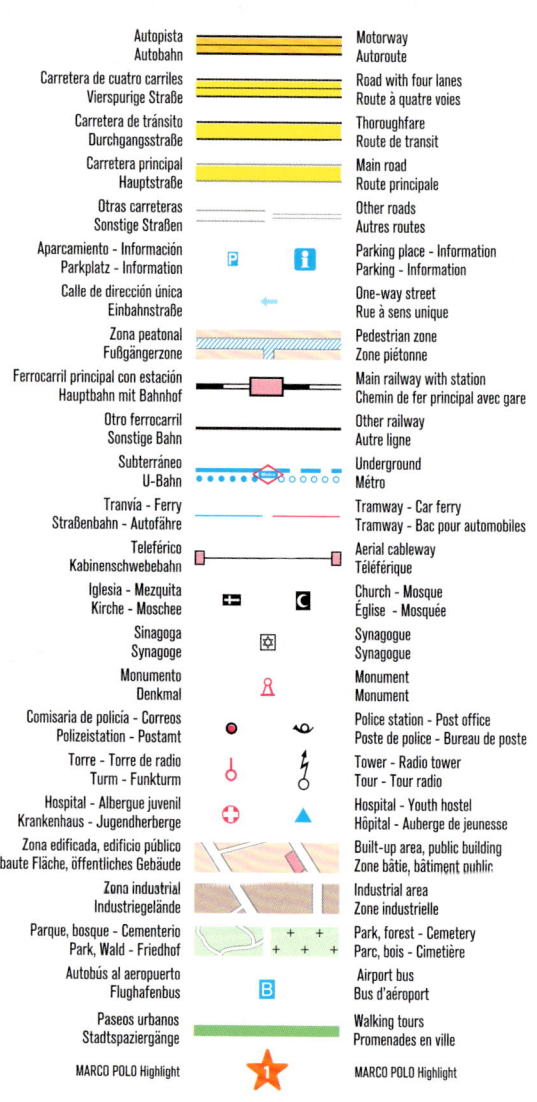

FÜR DIE NÄCHSTE REISE ...

ALLE **MARCO POLO** REISEFÜHRER

REGISTER

Im Register finden Sie alle in diesem Reiseführer beschriebenen Sehenswürdigkeiten und Museen. Gefettete Seitenzahlen verweisen auf den Haupteintrag.

SCHREIBEN SIE UNS!

Egal, was Ihnen Tolles im Urlaub begegnet oder Ihnen auf der Seele brennt, lassen Sie es uns wissen! Ob Lob, Kritik oder Ihr ganz persönlicher Tipp – die MARCO POLO Redaktion freut sich auf Ihre Infos.
Wir setzen alles dran, Ihnen möglichst aktuelle Informationen mit auf die Reise zu geben. Dennoch schleichen sich manchmal Fehler ein – trotz gründlicher Recherche unserer Autoren/innen. Sie haben sicherlich Verständnis, dass der Verlag dafür keine Haftung übernehmen kann.

MARCO POLO Redaktion
MAIRDUMONT
Postfach 31 51
73751 Ostfildern
info@marcopolo.de

IMPRESSUM
Titelbild: Gran Vía (Laif: Knechtel)
Fotos: DuMont Bildarchiv: Huber (33, 58); ecosistema urbano (17 u.); R. Freyer (Klappe r., 4, 98, 98/99, 100/101); R. M. Gill (64 l.); Hotel Silken Puerta América: Rafael Vargas (17 o.); Huber: J. Huber/SIME (18/19), Schmid (103); R. Irek (46/47), La Casita De Wendy (16 M.); Laif: Celentano (Klappe l., 35), Hilger (25), Huber (101), Knechtel (1 o., 61), Linkel (16 u.), Raach (55), Westrich (2 M. o., 8, 15); Laif/REA: Fourmy (68); Laif/Redux: Nance (76); La Romana srl: Ambra Pecci (16 o.); Look: age fotostock (87), Pompe (3 u., GG/67); Look/Saga Photo: Forget (24 u.); mauritius images: AGE (20, 53), Alamy (2 M. u., 6, 7, 9, 10/11, 23, 24 o., 26/27, 30, 37, 38, 44, 48, 50/51, 64 r., 80, 86, 89, 92/93, 94, 97, 99, 102 o., 102 u.), Quickimage (70/71), Raga (116/117); mauritius images/imagebroker: von Poser (82/83); D. Renckhoff (62), L. Schmidt (1 u.); T. Stankiewicz (12/13, 72); White Star: Gumm (2 o., 2 u., 3 M., 3 u., 5, 34, 42, 43, 56/57, 74/75, 78, 84/85, 90), Steinert (40/41, 100)

13., aktualisierte Auflage 2014
© MAIRDUMONT GmbH & Co. KG, Ostfildern
Chefredaktion: Marion Zorn
Autor: Martin Dahms; Koautor: Lothar Schmidt; Redaktion: Nikolai Michaelis
Verlagsredaktion: Ann-Katrin Kutzner, Nikolai Michaelis
Bildredaktion: Gabriele Forst
Im Trend: wunder media, München
Kartografie Reiseatlas: © MAIRDUMONT, Ostfildern; Kartografie Faltkarte: © MAIRDUMONT, Ostfildern
Innengestaltung: milchhof: atelier, Berlin; Titel, S. 1, Titel Faltkarte: factor product münchen
Sprachführer: in Zusammenarbeit mit Ernst Klett Sprachen GmbH, Stuttgart, Redaktion PONS Wörterbücher
Das Werk einschließlich aller seiner Teile ist urheberrechtlich geschützt. Jede urheberrechtsrelevante Verwertung ist ohne Zustimmung des Verlags unzulässig und strafbar. Das gilt insbesondere für Vervielfältigungen, Übersetzungen, Nachahmungen, Mikroverfilmungen und die Einspeicherung und Verarbeitung in elektronischen Systemen.
Printed in China

BLOSS NICHT

Ein paar Dinge, auf die Sie achten oder die Sie vermeiden sollten

AN FREMDE TISCHE SETZEN

Spanier setzen sich nicht zu fremden Leuten an den Tisch. Nur unter Jugendlichen sind die Sitten etwas lockerer. In Restaurants sind selbst freie Tische tabu: Der Gast wartet, bis er vom Kellner einen zugewiesen bekommt.

MITKLATSCHEN

Jedenfalls nicht beim Flamenco. Die kunstvollen *palmas* sind Teil der Musik. Mancher im Publikum hat das richtige Gespür für die Rhythmen – ein frisch angekommener Tourist eher nicht.

FALSCHE SCHLÜSSE ZIEHEN

Das Küsschen links und Küsschen rechts ist in Spanien eine Grußformel wie anderswo das Händeschütteln. Machen Sie sich keine Hoffnungen!

RAUCHEN

In Spanien gilt ein strenges Anti-Tabak-Gesetz. Rauchen ist in allen öffentlichen Gebäuden sowie Cafés, Restaurants, Bars und Clubs verboten. Auch Raucherzonen oder Kabinen wurden abgeschafft. Wer rauchen will, muss vor die Tür.

AUF GERISSENE TAXIFAHRER HEREINFALLEN

Am Flughafen Barajas stehen die Taxis Schlange und die Fahrgäste auch. Ein paar besonders schlaue Taxifahrer laufen in den Ankunftshallen herum auf der Suche nach Beute: frisch angekommenen Touristen. Die lotsen sie in ihren Wagen, um ihnen später Mondpreise abzuknöpfen. Also lieber wie alle anderen am Taxistand Schlange stehen.

SCHWARZ GEBRANNTE CDS UND DVDS KAUFEN

Überall in der Innenstadt treffen Sie auf junge Männer – meistens Schwarzafrikaner –, die auf einer Decke vor sich Hunderte von CDs und DVDs ausgebreitet haben. Die CD bekommen Sie für 3 Euro, die DVD fürs Doppelte. Natürlich sind die Platten schwarz gebrannt. Hier zu kaufen ist nicht nur illegal, Sie tun noch nicht einmal den Immigranten einen Gefallen: Die sind ohne jeden sozialen Schutz, das dicke Geschäft machen mafiöse Hintermänner. Die Interpreten gehen sowieso leer aus.

AUF GRÜN VERTRAUEN

Eine Ampel wird von den Madridern nur als Ratgeber verstanden: Man kann sie beachten, muss aber nicht. Noch gefährlicher ist die Angewohnheit vieler Autofahrer, gerade noch bei Tieforange durchzubrausen. Augen auf!

DIEBE IN VERSUCHUNG FÜHREN

Tragen Sie so wenig Wertsachen wie möglich mit sich herum, passen Sie in der Metro, im Gedränge und generell in Menschenmengen besonders gut auf, und lassen Sie sich nicht von zwei, drei Unbekannten zugleich ansprechen, auch nicht von angeblichen Polizisten in Zivil.